L'ERMITE
DE LA
FORÊT DE LOIZIA.

Par M. DE FAVEROLLES.

TOME PREMIER.

A PARIS,

CHEZ LEROUGE, LIBRAIRE,

COUR DU COMMERCE SAINT ANDRÉ DES ARCS.

1823.

L'ERMITE

DE

LA FORÊT DE LOIZIA.

I.

A RAMBOUILLET,

DE L'IMPRIMERIE DE LEROUX-FAGUET.

...il arrive au moment où un des trois Scélérats allait consommer le crime ; il l'ajuste..........

L'ERMITE
DE LA
FORÊT DE LOIZIA.

Par M. DE FAVEROLLES.

TOME PREMIER.

A PARIS,
CHEZ LEROUGE, LIBRAIRE,
COUR DU COMMERCE SAINT-ANDRÉ-DES-ARCS.

1823.

L'ERMITE
DE
LA FORET DE LOIZIA.

CHAPITRE PREMIER.

Serait-il vrai que l'homme ait besoin de la société pour être heureux; que malgré tout ce qu'il objecte contre elle, lorsqu'il croit trouver le bonheur en s'éloignant de ses semblables, en se condamnant à la solitude absolue, il ne rencontre que l'ennui, surtout lorsque ses passions s'amortissent, que son imagination ne lui offre plus la faculté de se créer des tableaux qui donnent au passé l'apparence du présent ? Alors il jette de tristes regards autour de lui ; il appelle involontairement un être de son espèce ; il a besoin de communiquer ses pensées, de parler de soi. Tel était le sentiment qu'éprouvait le père Théodore, qui depuis vingt-cinq ans habitait la forêt de Loizia, où il était venu pleurer ses infortunes dont il accusait la société. Pendant ce grand nombre d'années, il n'avait conservé de relations qu'avec un nommé Jacques Planier, habitant de Cousance, joli village assez près de Lons-le-Saulnier, au delà de la forêt de Loizia. Il avait, il est vrai, un confident de ses douleurs, dans le pasteur de ce village ; mais il ne le voyait que quatre jours dans toute l'année. Le père Théodore s'était retiré dans le plus profond de cette vaste solitude, et y avait construit, à l'aide de Jacques, un ermitage où se trouvait réuni tout ce qui pouvait rendre la vie heureuse, supposé que l'on imagine pouvoir l'être sans parens, sans amis, sans même aucunes de ces liaisons de plaisir qui se forment sans réflexion, se rompent sans chagrin, et sont remplacées par d'autres : mais enfin Théodore se l'était persuadé, et peut-être avait-il quelque raison de le croire; parce qu'il avait pourvu d'une manière certaine à son existence, et qu'il devait penser qu'après avoir passé les années qui lui restaient dans le calme le plus profond, il serait reçu dans le sein de Dieu dont il méditait depuis vingt-cinq ans la loi;

qu'il suivait dans sa solitude avec une grande régularité, sans cependant imiter les austérités des anachorètes : il n'était pas arrivé à cette perfection. Le père Théodore avait une fort bonne table, mais sans luxe, se bornant à suivre exactement les lois ecclésiastiques, sans y ajouter ni retrancher.

Théodore venait d'avoir cinquante-cinq ans. Depuis ving-cinq, il n'avait vu, ni parlé à aucun autre individu qu'à Jacques Planier et à son curé. Il avait dû être d'une fort belle figure. Grand, bienfait, habile dans les sciences exactes, adroit pour tous les exercices, possédant les arts agréables, il semblait avoir fait une provision immense de tous les moyens qui ajoutent à la rapidité du tems. Et pendant bien des années, il ne désira point revoir des humains avec qui il avait rompu tous ses liens; mais depuis quelques mois, il pensait qu'il approcherait bientôt de la vieillesse qui ne s'était jamais offerte à son imagination; enfin il ne pouvait se dissimuler que toujours avec elle arrivaient les infirmités qui en sont plus ou moins inséparables; cette vue perçante qui l'avertissait de l'approche d'un de ses semblables à une grande distance, et lui donnait le tems de l'éviter, s'affaiblirait et il se trouverait tout à coup surpris par ceux qu'il avait juré de ne pas revoir. D'ailleurs s'il ne distinguait plus les caractères de ses livres, il se verra privé de la plus douce de ses occupations; si la goutte lui ôte l'usage de ses mains, il ne pourra plus tracer et les événemens qu'il a vus et les réflexions qu'ils lui ont suggérées : que d'heures se trouveraient vides ! Si ses jambes affaiblies ou peut-être privées de la faculté de se mouvoir, le forcent à rester dans son fauteuil, combien il sera contrarié, lui qui parcourt chaque jour plusieurs lieues. Ah! qu'un vieillard abandonné est malheureux, et il ne l'est guère moins, s'il n'a autour de lui que des mains mercenaires, se disait le père Théodore; et si l'on entrevoit dans l'avenir que la félicité dont on jouit doit cesser; on souffre d'avance les maux que l'on envisage. Aussi Théodore était devenu depuis quelque tems morose; la douce mélancolie qui avait succédé dans son ame à une douleur profonde était devenue une tristesse habituelle. Jacques s'en apercevait. Est-ce que vous souffrez, lui disait ce brave homme ? vous êtes tout pensif. —Je suis toujours le même, répondait Théodore, et ma santé est fort bonne. — Tant mieux, mon cher maître ; car je serais bien fâché que vous fussiez malade.—Que m'apportez-vous de bon ? — Ce que vous avez demandé, et puis des livres que M. le curé vous envoie. — Les œuvres de Montesquieu, nouvelle édition : c'est bon. Rangez les provisions, je vais mettre ce grand homme dans ma bibliothèque.

Lorsque de grands malheurs forcèrent Théodore à se séparer de la société, il abandonna ses biens à sa mère qui était veuve, et réalisa pour 150,000 francs de rescription dont il avait renfermé le montant en or dans une cassette, et avait pris le chemin de la Franche-Comté. Arrivé à Lons-le-Saulnier, il acheta un cheval et un cabriolet; il y mit sa malle et sa cassette, et suivant sa route, il rencontra un paysan qui revenait de la ville, où il avait vendu ses fruits et ses légumes. Théodore lui demanda où il allait. — A Cousance. — Est-ce loin d'ici? — A trois lieues. — Montez, mon ami, cela vous évitera de la fatigue, et vous me mettrez au fait du pays. — Ah! bien volontiers, Monsieur. Ce paysan était Jacques Planier dont nous avons parlé; il avait une quarantaine d'années. La probité était peinte sur sa figure ouverte et enjouée. Théodore lui demanda qui il était, ce qu'il faisait, et en quoi consistait son avoir. Il lui dit ses noms; pour sa profession, il était aisé de la deviner. Je suis un pauvre cultivateur, et ma femme et mes six enfans m'aident à faire valoir quelques arpens de terre, de vigne et de pré : si nous n'avions pas d'impôts, cela irait ; mais le collecteur prend tout. — Tout, c'est beaucoup dire. — C'est toujours trop. — Théodore lui tint un beau discours par lequel il lui prouvait que le gouvernement a besoin d'avoir des revenus pour payer des armées, salarier les employés, soutenir l'éclat du trône. Jacques n'entendait pas cela ; il se trouvait gêné, embarrassé par les impositions, il eût voulu n'en plus payer.

— Quelqu'un qui vous donnerait cent louis, cela arrangerait-il vos affaires ? — Je serais le plus heureux des hommes ! — Eh bien ! vous les aurez. En arrivant à Cousance, j'irai voir votre curé : s'il me rend un bon compte de vous, non seulement vous aurez cent louis, mais beaucoup plus. Ce ne sera toutefois qu'à condition que personne ne saura d'où vous viendra votre fortune, excepté le curé à qui je demanderai la plus parfaite discrétion. — Ah ! Monsieur, vous pouvez compter sur la mienne. —Savez-vous lire et écrire ?—Lire un peu et signer mon nom.—Cela suffit.

Théodore suivait sa route avec son compagnon dont il admirait la justesse des reparties, la droiture des sentimens. Si je pouvais, se disait-il, vivre plus long-tems avec cet animal féroce qui s'appelle un homme, ce serait dans le sein d'une famille comme celle de Jacques, que j'irais ensevelir ma destinée; mais quand je n'aurais pas mille autres raisons pour me séparer entièrement de la société, ne me suffit-il pas d'être encore jeune pour ne pas prendre ce parti? La femme de Jacques doit être moins âgée que lui; il a des filles qui auront bientôt quinze ans : que dirait-on d'un homme de mon âge, dont le ton, la manière de s'exprimer, trahiraient l'origine, et qui passerait sa vie chez une femme encore fraîche et des filles dans leur printems; que ne dirait-on pas? Et pour un peu d'or que je donnerais à ces honnêtes gens, j'enlèverais à la femme et aux enfans, le plus grand de tous les biens, une bonne réputation et l'estime de leurs concitoyens! Non, non, point de demi-mesure : l'esclave qui peut rompre sa chaîne ne se contente pas de la rendre moins pesante, il la brise. Ce fut par ces réflexions que Théodore affermit la résolution qu'il avoit prise de s'enterrer vivant au fond de la forêt de Loizia; il l'avait autrefois traversée pour aller visiter les grottes qui portent le même nom, et sont fort près de la forêt : ces bois lui avaient paru d'une grande étendue et a peine des routes qui les traversassent, le pays peu fréquenté et cependant y ayant des villages assez voisins pour en tirer ce dont il pouvait avoir besoin. C'etait là le but de son voyage, et il se trouvait heureux de rencontrer sur la route de Cousance un homme dont l'extérieur lui convenait.

Le pas du cheval pressé par quelques coups de fouet, faisait approcher la voiture de Cousance dont on apercevait déjà le clocher. Est-il besoin, dit Théodore à Jacques, que nous passions tout le village pour aller chez vous? — Non ; ma chaumière est à l'entrée de Cousance que traverse la grande route de Lyon. Le village est bâti sur le penchant de la colline; les maisons à droite sont exposées au soleil levant et bâties sur le roc, les autres au couchant sont sur le sable. Quoique l'exposition soit moins bonne, je préfère la position de la mienne, parce que j'ai derrière un jardin et un grand verger, tandis que ceux qui sont logés sur le roc n'ont que des vignes, qui encore ne viennent que parce que l'on fait des trous dans la pierre, et que l'on y met de la terre. — Puisque vous êtes à l'entrée du village, et que votre verger ne donne pas sur la route, ne pourriez-vous pas me faire descendre avant d'être dans Cousance, et alors nous entrerions dans votre maison sans que personne me voie?—Rien d'aussi facile. Et comme ils étaient tout près du verger de Jacques, il lui dit : Je vais arrêter là; vous prendrez, Monsieur, ce petit sentier que vous voyez entre deux haies ; vous trouverez à droite une porte qui n'est fermée que par un loquet que vous lèverez, et vous serez dans mon verger. Une seule chose m'embarrasse : que ferai-je de la voiture?—Vous en ferez ce que vous voudrez, car elle est à vous.— Monsieur, c'est pour plaisanter ce que vous dites; je la mettrai dans la cour, vous la trouverez. — Oui; nous en parlerons plus tard, et en disant cela, Théodore sauta de la voiture et suivit le sentier que Jacques lui avait indiqué. Rien n'est délicieux comme la situation de Cousance, surtout du côté du couchant; la pente est presqu'insensible jusqu'au pied de la colline ; celle-ci est entièrement couverte d'arbres fruitiers qui en ce moment étaient en fleurs et répandaient une odeur admirable. Ces vergers sont séparés de très-belles prairies, par un gros ruisseau, dont l'eau claire et excellente à boire, roule sur un lit de cailloutage de différentes couleurs que l'on distingue parfaitement, tant l'eau est limpide. On y voit aussi des truites d'une grande beauté, qui se plaisent dans les eaux vives. Un autre ruisseau, tout aussi rapide et tout aussi poissonneux, traverse la prairie, vient se joindre au premier, et ils forment une petite rivière, qui se jette, à quelques lieues plus loin, dans la Saône. Théodore contemplait avec ravissement ce site aussi riche que varié, et où la nature n'avait point de reproches à faire à l'art, qui ne la contrariait en rien. Quand il eut traversé le verger, il entra dans un jardin potager parfaitement cultivé. La femme de Jacques et ses enfans dont le plus âgé avait dix-sept ans et le dernier trois, furent bien étonnés de voir entrer un étranger chez eux. Marceline, c'était le nom de cette femme, s'informa qui il était. Vous le voyez, je suis un pauvre voyageur qui vous demande asile pour quelques jours. J'ai rencontré votre mari qui ramène une voiture où se trouvent une malle et une cassette assez pesante; il doit être à présent dans la cour. En effet, un des plus jeunes enfans vint en courant et criant : Voilà papa! voilà papa! sur une belle petite charrette, comme celle de M. le procureur fiscal. La femme laissa ses outils de jardinage, et alla avec ses enfans au devant de Jacques. L'étranger les suivit et entra avec eux dans leur maison, qui était fort propre.— Où voulez-vous, Monsieur, que l'on mette vos effets?— Dans la chambre que vous me destinez, car Théodore avait vu qu'il y en avait une à côté de celle où il était entré. C'est ici, dit Jacques, excusez si elle n'est pas bien arrangée; on a tant d'ouvrage dans ce tems-ci!— Elle est bien, dit-il; en y entrant, il vit que le lit qui y était était bon, quelques chaises de paille, une table; que faut-il de plus? Il prévint ses hôtes qu'il resterait enfermé jusqu'à la nuit. Ils lui offrirent à manger; il les assura qu'il n'avait besoin de rien, et qu'il ne demandait qu'un peu de lait, quand il se coucherait. Ils le laissèrent libre dans sa chambre, dont il ferma la porte. Quand il fut nuit, il en sortit et demanda à Jacques s'il pourrait le conduire chez le Curé, et ils s'y rendirent.

L'extérieur de Théodore inspira au pasteur beaucoup de confiance ; et l'ayant amené dans son cabinet, il y resta enfermé avec lui pendant plus de cinq heures. Ils avaient tout à fait oublié le bon Jacques ; ils furent bien surpris lorsqu'ils le trouvèrent endormi dans un des coins de la salle, et la servante dans l'autre. Il est aisé, dit le curé, de s'oublier, quand on a le bonheur de vous entretenir ; mais voilà de bonnes gens qui aimeraient mieux être chacun dans leurs lits. On eut bien de la peine à les réveiller. Enfin Jacques reprit sa lanterne, et se trouva prêt à reconduire Théodore, qui, en partant, dit au curé : Je serai demain chez vous, à la même heure; faites, si vous voulez bien, préparer l'acte; qu'il soit prêt à être signé. — Vous y pouvez compter. Le curé et l'inconnu se séparèrent, paraissant fort contens l'un de l'autre.

CHAPITRE II.

La mère Marceline était dans une inquiétude affreuse, en ne voyant revenir ni son mari ni le voyageur. Que peut-il être arrivé? Elle allait se rendre chez le curé pour savoir s'ils y étaient encore, lorsqu'ils rentrèrent. Pardon, dit Théodore, de vous avoir fait attendre si long-tems; mais le sujet ne vous sera pas désagréable. — Ah! Monsieur, ce n'est pas que ce soit de veiller ou de dormir qui fait grand'chose, mais c'est que je craignais que vous n'eussiez fait quelque mauvaise rencontre : enfin vous voilà, c'est l'essentiel.—Demain, j'espère que vous ne vous repentirez pas de m'avoir reçu dans votre maison ; et après leur avoir souhaité une bonne nuit, il se renferma dans sa chambre, où ses hôtes, comme il le leur avait demandé, lui avaient apporté un vase plein du meilleur lait.

Il se leva de très-bonne heure, prit dans son coffre vingt rouleaux de cinquante louis, et les ayant renfermés dans une petite cassette de bois de rose, il alla trouver Jacques, et lui dit : Faites-moi le plaisir de porter ce coffret à votre curé, et de l'assurer qu'aussitôt qu'il fera nuit, je me rendrai chez lui, avec vous et Marceline. Jacques ne comprenait rien aux manières mystérieuses de son hôte, mais n'en fit pas moins ce qu'il désirait, et revint dire que M. le curé les attendrait. La journée se passa comme la veille. Théodore ne sortit point de sa chambre, où Marceline lui porta à déjeûner et à dîner, sans l'interroger, non qu'elle n'eût bien voulu savoir qui il était, et pourquoi il se cachait; mais comme il paraissait que le curé le connaissait, elle n'osait se livrer aux mouvemens de la curiosité, qui l'auraient excitée à parler; et chose rare pour une femme, elle se tut.

Lorsqu'il fut nuit, Théodore et ses hôtes gagnèrent le presbytère, où le curé les reçut avec la plus grande affabilité. C'était un homme d'environ trente-cinq ans. Il était chéri de son troupeau. Il savait concilier ses devoirs, qu'il remplissait avec une grande exactitude, et la culture des lettres, ce qui rendait sa conversation très-agréable. Il ne quitta pas Cousance, tant qu'il vécut, aimé de ses paroissiens comme un père, dont il avait pour eux toute la tendresse. Le curé les pria de s'asseoir. La cassette fermée était sur la table, trois papiers timbrés s'y trouvaient aussi, ils étaient remplis de la main du curé. — Que contenaient-ils ? — C'est ce que nous allons savoir : d'abord une donation de 24,000 livres que Louis Théodore faisait à Jacques Planier et à sa femme, aux charges, conditions, que les deux tiers en seraient employés à acheter un bien rapportant 7 à 800 francs de rente, avec lequel, tant que Louis Théodore existera, la famille Planier fournira ce qui lui est nécessaire pour vivre. Là était le détail de ce qu'il demandait qu'on lui apportât tous les dimanches dans le lieu de la forêt qu'il indiquait par ce même écrit. Jacques et sa femme ouvraient de grands yeux, et ne pouvaient concevoir comment avec tant d'or (car ils n'en avaient jamais tant vu), on voulait s'enterrer vivant dans le fond d'une forêt, et encore moins comment il avait tant de confiance en eux. Ne pouvaient-ils pas faire un mauvais usage de son argent, et le laisser mourir de faim? — Ils ne voyaient pas que toutes les précautions étaient prises, et qu'il était difficile que Théodore n'eût pas contre eux recours, s'ils ne suivaient pas les conditions du traité, dont le curé se portait garant. De plus, le pasteur avait dit tant de bien de ses paroissiens que l'inconnu était sans crainte. D'ailleurs le Curé avait accepté d'être dépositaire de l'acte et de l'argent jusqu'à ce que l'emploi en fût fait. Les bons paysans, ravis de tant de fortune qui leur arrivait si inopinément, ne savaient comment en marquer leur reconnaissance à Théodore. Il fut convenu que dans quatre jours celui-ci partirait dans sa voiture avec Jacques pour la forêt. Théodore avait prévenu sa femme que son mari serait absent, au moins trois mois. Jacques écrivit à son beau-frère, soldat invalide, qui demeurait dans un village à quelques lieues de là, de venir le remplacer pendant ce temps.

Ce militaire était veuf, sans enfans, et vivait péniblement avec sa solde de retraite. Théodore ayant su qu'il ferait grand plaisir à Marceline d'avoir son frère avec elle, ajouta deux rouleaux pour qu'on eût quelques arpents de plus dont le revenu fut réuni à ce que le soldat pourrait avoir. Il vécut tranquillement au sein de sa famille. L'ainé des fils de Jacques alla chercher son oncle, qui fut enchanté de se rapprocher de sa sœur, et plus encore, de la trouver dans l'aisance. Il ne vit point Théodore, qui partit, comme nous l'avons dit, avant l'aurore, quittant avec une sorte de regret cette honnête famille, qui l'aurait presque réconcilié avec l'espèce humaine, si cela eût été possible. S'ils se conduisent bien, disait-il, j'ajouterai à mes bienfaits, sinon n'attendant rien de leur reconnoissance et pouvant me passer de ce que je leur donne;

s'ils étaient capables de me tromper, mon traité avec eux ne m'inquièterait guère. En effet, il ne leur avait donné qu'une foible partie de ce qu'il possédait. Il emporta avec lui le reste, à l'exception de 3000 f. qu'il donna au Curé, pour ses pauvres.

Nous avons dit qu'il connaissait la forêt de Loizia, qu'il y était venu lorsqu'il visita les belles grottes qui y touchent; l'inconnu dès ce tems méditait de s'y retirer; il est vrai que ce ne devait pas être seul comme dans ce moment il avait alors formé le projet de s'y fixer avec un être qui lui était bien cher, mais tout est fini pour lui; il vit, parce que Dieu l'ordonne. Cependant, comme nous l'avons déjà dit, il ne cherche point à agraver la tristesse de sa situation, par des privations pénibles. Il pense au contraire à se former un établissement commode et qui ne sera pas dépourvu d'agrément.

En parcourant des autrefois la forêt où il voulait demeurer, il avait découvert une pelouse, où on ne parvient qu'en montant une côte fort roide, dont le plateau est de quatre à cinq arpents et est entièrement découvert. A une des extrémités se trouve une grotte qui ne paraît avoir rien de commun avec celle appelée Loizia. Elle a été taillée de main d'homme dans le roc; elle n'a pas la moindre humidité; l'entrée en est étroite et se trouve au levant; des arbustes croissent au-dessus, et un pied de vigne sauvage forme des festons de pampre, que l'on peut à son gré ou élaguer, ou laisser croître selon que l'on désire que la grotte soit plus sombre ou plus éclairée. Il paraît qu'un autre Ermite avait habité cette solitude, car il se trouve dans cette même grotte, une espèce d'alcove, où selon toute apparence, étoit placé le lit de l'ancien possesseur. Ce qui rend cette situation bien précieuse, c'est une source qui sort plusieurs toises au-dessus de la grotte, et tombe en nappe sur une grande pierre platte, à droite de la la porte et vient emplir une fontaine dont l'eau s'échappe et forme un ruisseau qui s'est tracé un lit sur la pelouse et entretient à cette hauteur une fraîcheur semblable à celle des vallées. Où pourrais-je être mieux qu'ici! dit Théodore. Ayant commencé par disposer sa grotte, pour y passer la nuit avec Jacques, ils soupèrent tranquillement des vivres qu'ils avaient apportés dans la voiture qui n'était montée qu'avec peine jusqu'au sommet de la montagne ; depuis ils renoncèrent à ce moyen ; ils se servirent de grands paniers que le cheval portait et qui suffisoient pour la provision de la semaine. Ils s'étaient munis d'outils de charpentiers et de maçons ; Jacques était assez habile dans l'une et l'autre profession, et avec du bois et de la terre, ils construisirent une maison fort commode, qu'ils couvrirent avec des planches et par dessus de la mousse très-épaisse, de sorte que la pluie ne pouvait y pénétrer. Les distributions étaient aussi fort bien entendues, le plus embarrassant était la cheminée ; il fallut que Jacques allât à Cousance chercher de la brique et du fer.

Pendant le temps que Jacques bâtissait, Théodore, bon Jardinier, défrichait la pelouse, dont la terre était excellente. Il avait avant placé une forte palissade pour la défendre des animaux sauvages; il eut bientôt formé un excellent potager, qu'il environna de fleurs de toutes les saisons; il planta des bosquets d'arbustes pris dans la forêt, que la culture rendait plus beaux, tels le chèvrefeuille, l'églantier, le trouenne et par la suite, il y méla le séringat, le jasmin et l'épine blanche; à l'automne, il planta son verger de fort beaux et bons arbres, que Jacques avait élevés dans le sien. Il eut une chèvre, des poules et des lapins; aussi, au bout de deux ans, Jacques n'avait à lui apporter que du pain et un morceau de viande rôtie. Il trouvait tout le reste de sa nourriture dans son jardin, dans sa basse cour ou par sa chasse, car il avait deux fusils et deux chiens, l'un braque et l'autre une jolie petite chienne anglaise qui était une de ses plus agréables distractions. Il se faisait apporter aussi, comme nous l'avons dit, les livres nouveaux qui en valoient la peine; s'en rapportant sur cela au Curé de Cousance, qui les faisait venir de Lyon. Il avait aussi un violon, une flûte et de la musique; les heures qu'il consacrait au dessin, n'étaient pas les moins agréables, aussi tous les jours étaient remplis d'une manière qui fit long-temps ses délices.

Le Curé venait le voir quatre fois l'année et passait deux jours avec lui; dès sa première visite, il lui avait apporté, comme Théodore l'en avait prié, tout ce qui était nécessaire pour célébrer l'office divin, dans une fort jolie chapelle qu'il avait disposée dans la grotte où il ne logeait plus. Le Pasteur avait obtenu de l'Evêque de la bénir. Pendant tout le tems que notre Ermite passa dans la forêt de Loizia, le bon Curé ne l'abandonna jamais, mais il était convenu qu'il ne l'entretiendrait point de ce qui se passait en Europe : que lui importait les intérêts d'un pays où il n'avait plus de patrie, plus de famille, où la mort a englouti tout ce qui lui était cher, où lui même...... mais gardons encore le silence sur ces douloureux événements qu'il n'est pas temps de dévoiler.

Bien des années se passèrent sans que Théodore regrettât la société, sans qu'il formât le moindre projet d'y revenir; mais il est dans la nature de l'homme de ne savoir point jouir constamment d'une situation heureuse, et enfin, notre Ermite, sans se l'avouer à lui-même, désirait qu'un événement imprévu le rejettât sur la scène du monde, où il avait juré de ne reparaître jamais.

CHAPITRE III.

Nous allons voir Théodore en proie au plus affreux fléau de l'espèce humaine: l'ennui. Tout ce qu'il fait pour rendre sa vie agréable perdait chaque jour de prix à ses yeux, ces plantations qu'il avait élevées avec tant de soins; ces animaux qui tous entendaient sa voix, et le suivaient avec tant d'empressement, lui étaient devenus insupportables. Il avait vu mourir les premiers compagnons de sa solitude: Sultan et Miss n'avaient pas été remplacés par ceux que Jacques s'était empressé de lui amener, quand ces bons chiens avaient subi la loi commune. Il ne trouvait point à Flore et à Quesmi la même intelligence qu'aux premiers, et il se disait en avançant vers le déclin de la vie, tout nous avertit qu'une des pertes les plus sensibles que l'on éprouve, c'est celle du bonheur d'être aimé; mes chiens m'aiment moins, parce que je ne suis plus jeune; il en serait de même des hommes avec qui j'aurais vécu; ils ne feraient plus que par devoir ce que si long-tems ils auroient fait par inclination. Non ne quittons pas cette retraite, l'ennui m'y dévore il est vrai, mais mon amour-propre n'y a rien à souffrir; d'ailleurs une chose qui rend mon sort supportable, c'est que je peux le changer si je veux: pourquoi me comdamnai-je à souffrir constamment: ne puis-je me dire dans six mois, dans six jours, j'aurai quitté cette triste enceinte si cela me plaisait, mais que trouverai-je dans la société: des amis perfides, comme dans ma jeunesse j'ai trouvé des femmes volages; la douceur de l'amour paternel m'est interdit; j'ai renoncé au bonheur d'avoir une compagne, des enfans ; ne devais-je pas ce sacrifice à la mémoire de celle qui m'était si chère; qu'irai-je faire dans la société? aucuns liens ne m'y attacheront plus; mourir d'ennui ou sur la brêche c'est toujours mourir; et comme personne n'a pu apprendre ce que l'âme éprouve à ce moment, il est impossible d'assigner le degré du plus ou du moins de douleur que l'on ressent à cet instant suprême...

Il est donc bien indifférent quel est le ciseau qui tranche le fil de nos jours, n'y pensons plus, laissons s'évanouir la vie, comme nous voyons chaque jour le coucher du soleil. Ayant ainsi donné quelque cours à la surrabondance des pensées qui l'assiégeaient, il prit son fusil, appela son chien et s'enfonça dans la forêt.

Depuis quelque temps, il se dirigeait sans y faire la moindre attention, du côté de la grande route, qu'il évitait autrefois avec tant de soin ; ce soir là il s'en approcha encore d'avantage ; il avait trouvé peu de gibier ; sa distraction avait bien pu être cause qu'il n'avait pas tiré celui qui pouvait être à portée de lui ; son chien mécontant s'était éloigné : quand tout-à-coup, il l'entend aboyer avec tant de force, qu'il ne pouvait imaginer quel était l'animal qu'il avait rencontré. La curiosité précipite ses pas, le chien continue ses aboïemens, mais, Oh! terreur : Théodore distingue des voix d'hommes, un pousse des cris lamentables, d'autres paraissent s'animer à immoler leur victime. Il oublie à l'instant les sermens qu'il a faits de fuir ses semblables : la voix de l'humanité est plus forte dans son âme que le souvenir de ses malheurs, elle l'emporte, il courre du côté où les gémissemens se font entendre, il arrive au moment où un des trois scélérats allait consommer le crime; il l'ajuste avec tant d'adresse, qu'il tombe mort aux pieds de ses compagnons, qui avaient à peine entendu le bruit de l'arme qui vient de le frapper, qu'un second coup, aussi heureux, termine la vie d'un autre;

le troisième, saisi d'éffroi, fuit en emportant la montre et le porte-feuille du malheureux jeune homme, qu'il laissa baigné dans son sang ; à sa vue Théodore éprouve un trouble qui l'étonne, d'autant plus que dans sa jeunesse, il s'était trouvé dans des rencontres, soit pour venger sa propre injure ou pour servir de témoin à ses camarades, et la vue de leur sang ne lui avait jamais fait une impression aussi douloureuse que celle qu'il éprouvait en voyant couler celui de l'inconnu. Il s'approche de lui, le soulève, s'assure qu'il vit encore, déchire sa cravatte pour bander ses plaies, le charge sur ses épaules et l'emporte chez lui, quoiqu'il y eût plus de cinq quarts de lieue de l'endroit où les brigands l'avaient attaqué, jusqu'à son habitation ; il fut obligé de s'arrêter plusieurs fois, ce qui fit qu'il n'arriva à la grotte qu'à la nuit fermée. Le blessé existait, voilà tout ce dont il était sûr, mais du reste il ne donnait aucune marque de connaissance ; arrivé à la porte de son habitation, il dépose son fardeau sur l'herbe, cherche sa clef, ouvre sa porte, fait du feu, allume sa lampe, vient reprendre son moribond et le couche dans son lit: alors il lui fait respirer des sels qui le rappellent à la vie et aux douleurs physiques et morales. Eh! Monsieur, dit-il, qui vous a amené dans l'instant où ces malheureux allaient finir ma triste existence. — Dieu, mon cher enfant — mais vous, comment êtes-vous dans cette forêt que j'habite depuis vingt-cinq ans sans y avoir jamais aperçu un seul être de mon espèce, excepté celui qui m'apporte mes provisions, — Ah ! le récit des événemens qui m'y ont amené, serait long et je me sens bien faible pour vous en instruire. Cependant, je ne crois pas avoir aucune blessure grave, c'est seulement la perte du sang, qui m'a ôté l'usage de mes sens. si ce n'est que cela, reprit Théodore, avec quelques cordiaux et du sommeil vous serez bientôt guéri. Il faut commencer par bander vos plaies, mieux que je n'ai pu faire dans la forêt : et voila Théodore devenu chirurgien, et qui s'aquitte de cette intéressante fonction avec un zèle, une adresse inimaginables. Il juge aussi à l'aspect des plaies, qu'il n'y en avait aucune de dangereuse. Il transporte dans sa chambre, le lit que Jacques occupait, quand les jours courts, ou le mauvais temps l'empêchaient de retourner le soir chez lui ; il couche le blessé dans son lit qui est excellent, il ne le quittera pas de la nuit. Il avait du bouillon, il en donne au malade, lui prépare des boissons douces et raffraichissantes ; enfin, il se trouve le plus heureux des hommes, d'avoir une occupation nouvelle qui change la triste uniformité de sa vie ; mais surtout et ce qu'il ne s'avouait pas d'avoir à aimer; car du moment qu'on rend un grand service ; il n'y a aucun doute que l'on se sent porté d'inclination vers l'individu qui le reçoit. Mais je le répète, Théodore était loin de s'en douter. L'état où se trouvait l'aimable Raoul, car c'était le nom du blessé, demandait tant de soins qu'il n'avait pas une minute à lui. Raoul lui témoignait une si tendre reconnaissance qu'il le payait au centuple de tout ce qu'il faisait pour lui. C'était un mardi, que Théodore avait sauvé la vie à celui qui lui était encore inconnu et qui même le lui sera long-temps; du mardi au dimanche il y avait bien loin, si ses plaies s'envenimaient, si la fièvre se déclarait, si après l'avoir arraché à ses assassins, j'étais cause de sa mort en ne lui laisant pas administrer les secours dont il peut avoir besoin, ne serais-je pas infiniment coupable se disait Théodore. Cependant il tranquillisa sa conscience par un raisonnement que tout autre eût fait à sa place. Il était à trois lieues de Cousance, seul village d'où il pouvait avoir du secours, puisque c'était le seul dont il connoissait le chemin. Il lui faudrait au moins trois heures pour s'y rendre : le double pour ramener Jacques et un chirurgien, parce qu'il ne trouverait peut-être ni l'un ni l'autre à Cousance; il faudrait donc que le blessé restât seul tout ce temps : qui est-ce qui lui donnerait à boire, qui humecterait ses plaies, pour empêcher l'inflammation. Non je ne puis le laisser seul : d'ailleurs les hommes qui l'ont attaqué, dont un s'est sauvé, appartiennent peut-etre à une bande de voleurs, qui pourrait venir fondre sur ma maison, massacrer cet infortuné dans son lit et enlever tout ce que je possède; tandis qu'avec mes chiens et mes armes, je ne crains personne : d'ailleurs je vais lui demander à lui même ce qu'il désire, et s'approchant du lit de Raoul il lui exposa ce que je viens d'écrire ; le blessé s'écria, non ! non ! ne me quittez pas, je mourrais si j'étais privé de vous aussi long-tems : vous voyez que je n'ai rien de cassé, ni de démi, qu'aucune blessure n'est intérieure, je souffre beaucoup parceque les plaies sont faites avec une arme émoussée, qui a déchiré plutôt que coupé les chairs ; mais avec les soins que vous prenez elles se refermeront, je retrouverai mes forces et il ne me restera que des grâces à vous rendre. Au lieu que si par excès de bonté, vous me quittez pour aller chercher des secours qui ne me seraient pas nécessaires, les appareils que vous avez posés avec tant de soins, peuvent néanmoins se déranger pendant votre absence, je suis incapable de pouvoir les remplacer : alors le sang recommencera à couler et je périrai par une hémorragie. Non! non! ne me quittez pas, je suis sûre de guérir, et tout malheureux que je suis, à vingt-cinq ans on aime la vie malgré soi. — Eh bien! mon cher, je ne vous quitterai pas, nous verrons comment vous irez d'ici à dimanche, mon pourvoyeur viendra, et si nous avions la moindre inquiétude, j'enverrais chercher un chirurgien à Lons-le-Saulnier, d'où nous ne sommes pas éloignés.

Ce parti arrêté, Théodore ne s'occupa plus que de soigner son hôte; et la femme la plus sensible et la plus adroite, n'y aurait pas mieux réussi. Dieu bénit ses efforts: Raoul dès le second jour pouvait se tenir sur son séant dans son lit. Il mangea un potage dont le bouillon était fait avec de la volaille et une perdrix; les jours suivans il mangea des œufs frais, plus tard un morceau de truitte, car Théodore en avait fait apporter de vivantes de Cousance, qu'il mettait en réserve dans un petit bassin creusé à l'endroit où la cascade naturelle tombait en bouillonnant. Le mouvement de ces eaux plaisait aux truittes et elles ne dépérissaient pas.

Raoul se trouva si bien de ce régime et des topiques composés de plantes vulnéraires que Théodore appliquait sur ses blessures, que tout danger était dissipé. Lorsque Jacques arriva il parut étonné, quand son bienfaiteur, lui dit, la singulière rencontre qu'il avait faite. Il le présenta au blessé, en lui disant : voilà un homme, qui depuis plus de vingt ans vient les cinquante-deux dimanches de l'année, quelque temps qu'il fasse, les froids les plus excessifs et les chaleurs brûlantes, la pluie, le vent, la niege, la grêle, rien ne l'arrête ; il vient chaque semaine m'apporter mes vivres pour attendre l'autre : c'est un père de famille respectable. Jacques tout embarrassé des louanges de son maître, disait : je ne fais que mon devoir. Oh ! si vous saviez tout le bien qu'il m'a fait et à ma famille, vous verriez que je suis loin de m'acquitter avec le père Théodore.

CHAPITRE IV.

Que veut dire ce titre de père Théodore ? Est-ce que vous êtes moine ? — Non, mais ermite. — Je ne m'en serais pas douté, rien ne l'annonce dans votre costume. — Comme je vis absolument seul, je n'ai pas cru nécessaire de porter l'habit de mes confrères, assez peu d'accord avec la vie que je mène; une veste ronde, un grand pantalon sont plus commodes pour monter aux arbres, bêcher, ou courir dans la forêt après un lièvre, que ne le serait une longue robe, je ne la porte que lorsque je sers le curé de Cousance à l'autel ; il vient tout les trois mois me dire la messe ; le reste de l'année, quand le temps me le permet, je vais l'entendre dans l'église d'un couvent de Chartreux, à quatre lieues d'ici, et alors je m'affuble de la robe du capuchon que j'avance assez sur ma figure pour qu'on ne puisse me reconnaître ; la messe dite, je reviens sans parler à qui que ce soit. — Combien vous m'étonnez : je ne me serais jamais imaginé que vous étiez ermite; vous êtes si bon, si sensible : — et c'est parce que je me suis consacré au service de Dieu de toute bonté que je devrais être ce que vous dites bon, sensible, charitable ; c'est un devoir dont rien ne devrait me dispenser, mais l'ai-je rempli depuis vingt-cinq ans que je ne vis que pour moi ; et Dieu ne me demandra-t-il pas compte du bien que je n'ai pas fait : ne suis-je pas réellement ce serviteur qui enterre le talent au lieu de le faire valoir ? Nous ne savons, reprirent en même temps Raoult et Jacques, si vous eussiez dû faire plus de bien, mais ce qu'il y a de certain, c'est que vous nous avez fait à l'un et à l'autre tout celui que nous aurions pu attendre du père le plus tendre. — Qu'est-ce qu'une ou deux actions isolées dans un grand nombre d'années entièrement vides d'aucune autre que l'on puisse nommer louable, et passées dans une molesse digne des despotes asiatiques. Mais enfin puisque Dieu vous a amené ici, bon jeune homme, je ne repousserai pas cette faveur de la providence ; vous me tirerez de l'apathie, de la paresse, où j'ai laissé consommer les années les plus utiles de ma vie. En attendant que je sache ce que je puis faire pour vous, je prie celui qui nous gouverne, de vous rendre la santé, et de vous faire jouir de tous les biens qui peuvent rendre heureux dans le temps, sans nuire à ceux qui nous attendent au-delà. Théodore sortit de la chambre du blessé qu'il avait pansé et à qui il avait donné son déjeuner, et il emmena Jacques.

Quand Raoult se trouva seul il se livra à des réflexions sur le caractère de son hôte: tout annonçait en lui un homme né dans une des premières classes de la société. Théodore s'exprime dans les meilleurs termes, parle de tout en homme qui a vécu dans la très-bonne compagnie. Il était riche ; car tout autour de lui annonçait l'aisance et n'était pas exempt d'une sorte de luxe : de fort belles porcelaines, des cristaux parfaitement taillés, toute son argenterie était dorée, son linge de la plus grande beauté ; et il se disait Ermite : quel singulier contraste ! A quoi sert-il d'être au fond d'une forêt pour s'entourer de toutes les vanités du siècle.

A en juger par les mets qu'il servait à son hôte, il pouvait penser que sa table était recherchée et son vin exquis. Que l'on me fasse Ermite à cette condition et je le serai demain : si je pouvais avoir près de moi ma bien aimée ; mais je voudrais prendre l'habit et le faire porter à frère Gabriel. Qu'elle serait jolie avec le capuchon : c'est pour le coup que l'on pourrait dire comme un poëte du dernier siècle qui s'écriait, en voyant le portrait de Melle. de Charolais en moine:

Comment le cordon de St. François sert-il à Vénus de ceinture? mais hélas! puis-je espérer de me rapprocher de cet ange, dois-je vouloir entraîner sa perte et la mienne. Ce voyage, ne l'ai-je pas entrepris pour m'éloigner encore d'elle. Eh! me voila resté en France, dépouillé de ce que je possédais, affaibli par l'énorme quantité de sang que j'ai perdu; ne sachant chez qui je suis, mais c'est à coup sûr chez un original; peut-être chez un homme qui a de fortes raisons de dérober son existence à ses concitoyens; un homme, qui peut être découvert; arraché de sa retraite; livré à la justice; conduit dans les cachots, et moi par compagnie. En vérité tout celà n'est pas gai à penser : mais pourquoi me créer des monstres pour les combattre? Théodore a l'air du meilleur des humains. Que n'a-t-il pas fait pour moi depuis près d'une semaine que je suis ici? il est impossible qu'un homme aussi sensible soit un de ces êtres que la société rejette de son sein; il fut malheureux et non coupable. C'est à moi, pour prix de la vie que je lui dois, d'adoucir les maux dont la sienne me paraît avoir été semée.

Comme il terminait ainsi ses réflexions sur son hôte, celui-ci revint ayant mis en ordre ce que son pourvoyeur lui avait apporté.

Théodore demanda à Raoult s'il ne désirait rien de la ville: — tout ici est bien plus que suffisant pour moi et bien au-delà de mes désirs. — Je voudrais deviner ce qui pourrait vous amuser, chasser l'ennui qu'une convalescence assez longue peut vous faire éprouver. Le jeu vous intéresse-t-il ? — c'est pour moi un délassement et non une passion ; — c'est ainsi que l'on doit l'envisager.

L'Ermite écrivit une longue lettre au Curé; l'engagea à rapprocher de quinze jours le voyage qu'il faisait dans la forêt, aux quatre saisons de l'année, pour faire connaissance avec son hôte, et il le priait d'acheter un trictrac, des dames, des échecs et de les lui envoyer par Jacques, qui devait revenir le surlendemain avec différentes choses salutaires et agréables, que Théodore faisait venir pour Raoult, dont le rétablissement n'était plus douteux.

Le Curé écrivit par Jacques, qui en effet revint deux jours après avec tout ce que Théodore avait demandé. Le Pasteur s'excusait de ne pouvoir se rendre à l'invitation de son ami ; mais il avait des malades qu'il ne pouvait quitter. Il finissait par l'engager à mettre beaucoup de prudence dans sa conduite avec l'étranger. Vous avez très-bien fait de le secourir; c'est le premier devoir. Celui qui s'informe quel est le malheureux qui a besoin de ses soins, n'est qu'un barbare. Mais lorsque l'on a porté les premiers secours, lorsque l'on a écarté de son semblable le danger, il est permis, il est même nécessaire de savoir celui qu'on a recueilli pour ne pas se livrer avec lui à une confiance dangereuse. S'il vous refuse de dire quel est son sort; gardez-le néanmoins jusqu'à ce qu'il soit rétabli. donnez-lui ce qui lui est nécessaire pour se remettre en route; mais ne lui laissez pas pénétrer votre secret. Celui qui n'a pas le désir de se faire connaître de son bienfaiteur, de payer de sa confiance les services qu'il en a reçus, n'a rien de bon à lui apprendre, et il ne faut pas perdre de temps pour l'éloigner, afin de n'avoir pas le chagrin d'avoir obligé un être peu digne de ce que l'on a fait pour lui.

Cette lettre fit éprouver à Théodore un sentiment douloureux; et il s'était déjà attaché à Raoult. L'Idée de le voir partir l'affligeait; il sentait la justesse des raisons du Pasteur de Cousance; mais elles détruisaient ses espérances, car il paraissait que

Raoult n'avait nullement l'intention de se faire connaître. Il avait su son nom sans l'avoir demandé, sans que le blessé le lui dit. Quand il reprit connaissance, il prononça ces mots avec un accent douloureux : pauvre Raoult! Où es-tu?— Quel est ce Raoult? — C'est moi. Il n'ajouta rien. On a vu qu'il s'était excusé sur l'état de faiblesse où il était de ne pas instruire son hôte de son existence, lorsqu'il lui avait demandé qui il était, et comment il se trouvait dans cette forêt : mais cette faiblesse se dissipait de jour en jour; il se levait, marchait dans sa chambre, et il avait encore un bras en écharpe, parce qu'il avait reçu un coup de couteau qui l'avait percé d'outre en outre et que la plaie avait beaucoup de peine à se guérir. Toutes les autres commençaient à se cicatriser, et il n'était pas douteux qu'il serait en état de suivre sa route d'ici à peu de temps. Théodore, dès le premier voyage de Jacques, avait envoyé les habits de Raoult à Cousance pour qu'on lui en fît de neufs ; ceux qu'il portait, quand on l'avait assassiné, avaient été couverts de sang. Raoult fut sensible à cette attention, mais dit qu'il lui était bien difficile d'accepter ce qui lui était impossible de rendre : qu'il avait été complètement volé, et que les effets qui étaient dans le portefeuille étaient son unique fortune : qu'ainsi il n'avait plus rien. —A votre âge, avec votre tournure et votre éducation, on se tire toujours d'affaire. Je m'imagine que vous êtes gentilhomme ; Raoult baissa la tête et ne répondit rien. Théodore qui voulait que son hôte fût d'une caste distinguée, prit son silence pour un consentement, et ajouta: vous devez être au service; dans quel régiment servez vous? si vous n'avez pas d'argent pour rejoindre, j'en ai à votre service; disposez de moi, de ma fortune; il semble qu'en vous ayant sauvé la vie j'ai sur vous les mêmes droits que j'aurais eu en vous la donnant. — Vous faites beaucoup trop pour le pauvre Raoult, dont enfin il faut bien, pour répondre aux extrêmes bontés que vous avez pour lui, que vous appreniez le sort. Puisse mon obscurité ne pas diminuer l'intérêt que j'ai été assez heureux de vous inspirer, et que vous daigniez encore servir de père à un infortuné qui n'en connaît pas, n'en connaîtra pas selon toute apparence; qui

ignore quelle était sa mère, si elle existe encore ou si le ciel l'a enlevée à sa tendresse; et en prononçant ces mots il regardait attentivement le père Théodore, pour voir s'il était assez exempt de préjugés, pour ne pas lui faire un crime de l'abandon de ses parens. Mais il ne vit au contraire se peindre sur la phisionomie de l'Ermite que l'expression d'une touchante bienveillance.
— Quoi, sans parens, sans appui! ah! que je serais heureux si je pouvais vous en tenir lieu, si je pouvais retrouver en vous ce que j'ai perdu sans retour. Vous n'avez point de père, mon cher Raoult? moi, depuis long-temps, je n'ai plus de fils. Soyons l'un à l'autre par les liens d'une constante amitié qui remplaceront pour nous

ceux de la nature. Raoult se jeta dans ses bras, et de douces larmes furent sa réponse. Après ce premier moment d'une mutuelle effusion de sentimens, Raoult reprit: je ne veux point abuser, Monsieur, de votre sensibilité qui vous attire vers un inconnu à qui vous avez sauvé la vie. Il faut que vous me connaissiez autant qu'il m'est possible de me faire connaître: si vous vouliez ce soir m'aider à me rendre dans ce joli bosquet que j'aperçois de ma fenêtre, et dans lequel vous avez sûrement placé un banc, je vous raconterai tous les événemens d'une vie qui, à peine commencée, a été en proie à des événemens bizarres quelquefois douloureux, qui cependant n'ont point influé sur mon caractère naturellement gai et coufiant— Je vous écouterai avec grand plaisir : et après avoir dîné Théodore donna le bras à Raoult et le conduisit dans le bosquet, où il avait porté une ottomane et des coussins ; de sorte que le pauvre blessé se trouvait parfaitement étendu. L'Ermite s'assit près de lui et l'écouta avec un grand intérêt.

CHAPITRE V.

JE puis, dit Raoult, m'attribuer des vers que l'on met dans la bouche d'une belle orpheline :

> L'infortune a marqué l'instant de ma naissance ;
> J'ignore mes parens, je n'ai pas eu leurs soins,
> Et j'allais succomber aux plus pressans besoins,
> Quand la pitié prit soin de ma frêle existence. (1).

---

(1) Romance de l'Horpheline de qualité, par M. G...., chez M. Le Rouge, libraire.

Voilà l'histoire des premiers momens de ma vie du moins telle qu'elle m'a été racontée.

Mais avant de vous parler de moi, il est nécessaire que je vous dise quel fût celui que la providence chargea de me retirer de l'abandon où il paraîssait que mes parens me laissaient : voici ce que j'e nai su par celui qui, après l'avoir servi, me fut attaché dans ma première jeunesse. Le Marquis de Saltignac, augmenta sa fortune par un très-grand mariage; il habitait le château de Saltignac, près de Bordeaux. Valori, c'était le nom du valet de chambre, me disait que le Marquis avait fait une absence qui inquiéta beaucoup Madame de Saltignac; il revint un mois après; il était très-changé et comme un homme qui sort d'une grande maladie, ou qui a éprouvé un violent chagrin. En vain la Marquise l'accabla de questions pour savoir ce qui lui était arrivé pendant ce mystérieux voyage; elle ne put obtenir aucune réponse, et toutes les conjectures que l'on fit à ce sujet n'avancèrent pas davantage.

Le marquis de Saltignac entendit sous les croisées de sa chambre, les cris d'un enfant ; il se lève, descend, éveille le concierge, chez qui étaient les clefs, le fait lever, et va avec lui ouvrir la porte qui donnait sur la grande cour: ils voient (car le Marquis était descendu sa bougie allumée), ils voient, dis-je, sur le péron, un petit berceau d'osier, dans lequel était couché un enfant, je n'ajouterai pas beau comme l'amour, phrase banale pour désigner les enfans que le hazard met sous les pas de braves gens qui quelquefois ne s'en soucient guères. Je ne le dirai point, parce que cela n'était sûrement pas, et puis parce que l'enfant qui était dans ce berceau était ce pauvre Raoult, et qu'il me conviendrait mal de faire mon éloge. On n'avait attaché à mes langes qu'un papier contenant ces seuls mots. — *Il se nomme Raoult.* — Pauvre enfant, dit Monsieur de Saltignac, qui a pu te mettre ici. La grille qui donne sur l'avenue, serait-elle donc restée ouverte. Ternon, c'était le nom du concierge, jure que c'est lui-même qui l'a fermée, et va jusque là pour s'en assurer. On n'a pu entrer de ce côté, c'est impossible. On sera descendu dans les fossés, et remonté : mais il faut que l'on ait eu quelqu'intelligence dans le château, sans cela on n'aurait pas réussi. Enfin, n'importe, dit le Marquis, il ne faut pas laisser cette innocente créature à l'injure de l'air. Ternon, emportez-le dans votre chambre, et dites à votre femme d'en avoir soin? — Faudra-t-il lui chercher une nourrice ou le porter à l'hospice de Bordeaux? — Ni l'un ni l'autre, je veux qu'on le nourrisse au lait de vache; on cherchera une jeune fille propre, d'une bonne santé, et ce sera elle qui le soignera; — mais Monsieur le Marquis..... Quoi? — Mais on dira.... — On dira tout ce que l'on voudra : la providence m'a confié ce petit être; je l'élèverai comme mon fils; je suis fort riche, je n'ai point d'enfant : quel plus bel usage puis-je faire de ma fortune. Je vous autorise toutefois à rapporter fidèlement de quelle manière cet enfant est tombé dans mes mains; mais madame la Marquise ne trouvera-t-elle pas mauvais.... C'est ce que je crains le moins. Adelle est la bienfaisance même ; et quand cela ne serait pas, de quel droit s'opposerait-elle à une bonne action que je veux faire, et qui ne lui fait aucun tort, puisque malgré qu'elle fatigue le ciel de ses vœux pour obtenir les honneurs de la maternité, ils lui sont refusés. Enfin prenez ce berceau, et dites à madame Ternon d'avoir bien soin de mon petit Raoult.

On savait que lorsque le Marquis voulait une chose, il était impossible de le faire changer d'idée. Ainsi donc le concierge prit mon berceau, l'emporta dans sa chambre, et réveilla sa femme; au même moment l'horloge sonne trois heures du matin. — Madame Ternon, voilà un enfant que Monsieur le Marquis vous envoie — Qu'est-ce que vous dites? laissez-moi donc dormir, trois heures sonnent. — Je vous dis que Monsieur veut que l'on ait soin de ce petit malheureux. — Qui est-ce qui est malheureux? — Cet enfant.... Quel enfant? — Mais dame le petit Raoult. Ouvre donc les yeux, les oreilles; ne l'entends-tu pas qui crie? il a bien froid. — Lèves-toi, je vais faire du feu. — Un enfant que tu m'apportes, la nuit : coquin il faut que tu comptes bien sur mon extrême bonté. — Non je t'assure, je n'y suis pour rien, c'est M. le Marquis ; oh! il en est bien capable: aussi notre pauvre dame est bien malheureuse; — mais non son époux a pour elle tous les égards possibles; il est vrai qu'on le-dit volage.—Allons donnez-moi donc ce petit : elle s'était levée, elle approche la lumière du berceau; il s'appelle Raoult; c'est un drôle de nom.—Pas plus qu'un autre, il a quelque chose d'historique. Enfin que faut-il faire pour ce petit marmot?— l'élever avec grand soin, lui donner une gouvernante qui le nourrira au lait de vache. — Quelle fantaisie! D'autres écartent des yeux de leurs femmes le témoignage de leur désordre, et M. de Saltignac au contraire force la sienne à voir la preuve de ses infidélités. — Il assure qu'il ne fait que remplir un devoir d'humanité. — Oh! oui, il peut le dire, mais ce ne sera pas à moi qu'il le fera accroire. Premièrement il est très-économe, pour ne rien dire de trop, et tu imagines qu'il va se charger de ce bambin sans savoir d'où il vient; c'est son fils ou le tien; — le mien? je te jure que non; d'ailleurs je ne me jouerais pas à faire parler mon maître et prendre sous son nom un enfant qu'il n'aurait pas reçu: voilà comme cela s'est passé: et M. Ternon raconta à sa femme tout ce que je viens de dire.

Pendant cette conversation Madame Ternon, qui était assez bonne femme, m'approche du feu, car on était aux jours de l'automne; elle me déshabille et me donne un peu d'eau sucrée et tiède à boire; après m'avoir changé, elle me recoucha dans mon berceau et je me rendormis. Mais Madame Ternon n'en put faire autant. L'Aventure de cet enfant lui paraissait bizarre, elle s'équisait en conjectures pour deviner quelle était ma mère; car pour mon père, elle ne doutait pas que ce ne fût le Marquis; elle ne fut pas la seule qui eût cette idée, qu'une ressemblance assez frappante avec lui confirmait, et cependant M. de Saltignac m'a souvent juré sa parole d'honneur que je n'étais pas son fils.

Madame Ternon, après avoir passé en revue toutes les femmes qui avaient des rapports avec la société du Comte, me donna à une petite veuve, que la Marquise, comme parente de son mari, honorait de ses bontés. Celui-ci avait aussi cherché à plaire à Madame de St. Menant, c'était le nom de la veuve; mais elle ne répondait en aucune manière à ses agaceries. Cependant comme elle était jeune, jolie, pauvre, sans autre appui que Monsieur et Madame de Saltignac, Madame Ternon supposait que la veuve n'avait pas osé refuser les propositions de son cousin, et comme la santé de cette jeune femme l'avait forcée de s'absenter depuis quelques mois; que c'était Madame de Saltignac qui lui avait prêté l'argent nécessaire pour ce voyage, il n'était pas douteux, selon la femme de charge, que l'on avait pris le prétexte des eaux pour cacher à la société les derniers momens d'une grossesse toujours si embarrassante dans cette position, et que par excès de tendresse mon père avait voulu que je fusse élevé sous ses yeux. Ainsi je ne vins au monde que pour faire le désespoir d'une femme aussi aimable que vertueuse et lui enlever les seuls biens qui lui restassent, une excellente réputation et l'amitié de la Marquise, qu'il faut que je vous fasse connaître.

Madame de Saltignac avait été élevée au couvent où elle était restée jusqu'à vingt-un ans. Elle était jolie, bien faite, des manières nobles et modestes, son esprit, peu cultivé, était plus juste que brillant, son cœur excellent et susceptible du plus tendre attachement : celui qu'elle avait pour son mari pouvait bien s'appeler une passion. Le Marquis y répondait si peu, qu'elle se trouvait fort malheureuse ; il avait des égards, de l'estime, un peu d'amitié ; mais qu'est-ce que tout cela pour répondre à l'amour le plus tendre dont les témoignages fatiguaient l'époux volage. Elle n'avait pour amie, pour confidente de ses peines que la charmante Madame de St-Menant qui joignait à une figure très-agréable beaucoup d'esprit, d'usage du monde, des talens, mais surtout une grande sensibilité et une conduite très-régulière. Elles s'aimaient comme si elles eussent été sœurs. Mademoiselle de Verseuil, mariée à Monsieur le Baron de St.-Menant, avait de la naissance, de la fortune ; il obtint celle qu'il croyait aimer. Nommé peu de temps après à un poste éminent dans nos colonies, il partit avec la Baronne que déjà il n'aimait plus. Arrivé à St.-Domingue il renchérit sur le luxe de la ville du Cap, de cette belle ville qui était dit-on supérieur à celui de Paris : il se ruina complètement ; ses excès et les chagrins que ses mauvaises affaires lui causaient, lui donnèrent une maladie dont il mourut, laissant à peine à la Baronne de quoi payer son passage et quelques bijoux; elle partit aussitôt et aborda à Bayonne où ayant su que sa cousine habitait les environs de Bordeaux, elle se fixa dans cette ville, vint à Saltignac où la Marquise la reçut avec tous les témoignages de l'intérêt le plus tendre; depuis cet instant elles furent les amies les plus inséparables. Le Marquis n'avait pu voir sa cousine sans être touché de ses charmes, et elle avait su le tenir à une telle distance qu'il n'avait pas osé lui déclarer ses coupables sentimens; ce fut donc avec un grand regret que le mari et la femme la virent s'éloigner de Bordeaux pour aller aux eaux de Bourbonne, et ce fut en effet Madame de Saltignac qui donna à la parente de son mari le moyen de faire ce malheureux voyage, qui attira sur madame de St.-Menant tant de chagrin et combla la mesure de ceux de la Marquise; car madame Ternon trouva moyen de faire partager sa mauvaise opinion sur celle qu'elle croyait ma mère.

Quand la femme de charge eut bâti son roman dans sa tête, elle brûla de le raconter aux femmes de la maison, entr'autres à une certaine Félicie qui je crois en savait plus qu'elle sur ma naissance. Cette femme avait la confiance de son maître et de sa maîtresse; souple, adroite, elle les flattait tour-à-tour et entretenait entre eux assez de mésintelligence pour qu'ils eussent besoin d'elle. Un auteur dramatique a fait dire à un valet, qu'il n'y a pas de l'eau à boire pour les gens, dont les maîtres vivaient en bonne intelligence; (1) apparemment que Félicie avait puisé dans cette pièce la mesure de sa conduite. Elle écouta donc avec avidité, à ce que m'a dit Valeri, ce que madame Ternon lui raconta : dès qu'elle la sût éveillée.— Venez, venez voir, dit-elle à Félicie, quelque chose de bien drôle, et elle l'emmena dans sa chambre : Félicie parut très-surprise de voir un berceau, un enfant nouveau né, et elle m'examina avec la plus maligne curiosité. Voyez, disait la femme de charge, ce sont les yeux de M. le Marquis, mais pour la bouche et le menton, ce sont bien ceux de madame de St-Menant. Cela pourrait bien être, reprenait Félicie : je l'ai tou-

---

(1) Sédaine, dans la Gageure imprévue.

jours dit à Madame qu'elle réchauffait un serpent dans son sein.

Déjà le soleil s'est retiré derrière la forêt; il commence à faire froid. Rentrons, dit Théodore à son hôte; et malgré l'intérêt que votre récit m'inspire, je vous prie d'en remettre la suite à demain, car je crains que vous ne soyez fatigué. Raoult suivit ce que son bienfaiteur lui conseillait et ils rentrèrent sous le toît hospitalier de Théodore où ils passèrent l'un et l'autre une nuit tranquille.

CHAPITRE VI.

Théodore n'interrompait plus ses occupations accoutumées, depuisque la santé de son hôte ne lui donnait plus d'inquiétude, il veillait cependant à ce qu'il ne manquât de rien. Déja Raoult venait dans le potager pendant que son nouvel et précieux ami y bêchait la terre ou cultivait des plantes ou des légumes; il se promettait bien de l'aider dès que ses forces le lui permettraient : car ce qui était fort extraordinaire c'est que ni l'un ni l'autre ne supposaient pas qu'ils pûssent se séparer. Il n'y avait pas un mois qu'ils s'étaient rencontrés dans une circonstance fort étonnante : l'un des deux était le bienfaiteur de l'autre, et le premier semblait lui devoir de la reconnaissance. Ils étaient devenus presqu'au même moment nécessaires à leur bonheur réciproque. Ils étaient tous deux sans famille ; l'un était un chêne à qui le temps et les orages ont enlevé sa belle chevelure, l'autre un ormeau qu'un vent impétueux allait renverser, quand il rencontre le tronc du Roi des forêts ; n'ayant plus que quelques branches privées de feuilles, le jeune arbre s'appuie sur lui, ses rameaux touffus abritent le vieux chêne qui s'étonne et s'admire en se voyant couronné d'une verdure nouvelle : tels étaient Théodore et Raoult.

Cependant l'ermite n'oublie point les conseils du pasteur de Cousance; il désire connaître plus particulièrement son hôte. Il se décide à le faire souvenir de la parole qu'il lui avait donnée de continuer le récit des différens événemens de sa vie; il se persuade qu'il y trouvera de nouvelles raisons de l'aimer, peut-être s'il eût craint le contraire, il ne l'en eut pas prié ; car être forcé de se séparer de lui, de rentrer dans cette vie silencieuse, à l'égal des tombeaux, il ne s'en trouve plus le courage : c'est donc pour découvrir, dans ce que lui dira son jeune ami, de nouvelles raisons de s'attacher à lui, qu'il lui rappelle qu'il s'est engagé à continuer l'histoire de sa vie. Je ne demande pas mieux, dit-il, et ils s'acheminèrent vers un petit pavillon formé par quatre arbres, auxquels Théodore avait attaché un morceau de coutils, qui formait une espèce de tente et pouvait garantir des intempéries. Théodore y avait apporté des coussins afin que son cher convalescent fût commodément assis; et Raoult reprit son discours où il en était resté.

Déjà la nouvelle de mon arrivée au château avait circulé de bouche en bouche, et il n'y avait encore que la Marquise qui l'ignorât. Félicie avait résolu de la lui apprendre, et avec les circonstances les plus désolantes pour sa maîtresse. Elle entre chez elle à l'heure accoutumée et prend l'air le plus triste; madame de Saltignac en est frappée, et craignant qu'il ne soit arrivé quelque accident dans le château, elle s'en informe avec inquiétude. — Non, madame, dit la maligne créature, il n'est arrivé nul malheur, et cependant j'ai beaucoup de chagrin et je n'ôse en dire le sujet à madame. —Vous m'alarmez, dites donc, je le veux.-Madame sait-elle que monsieur le marquis s'est levé à trois heures du matin? — Est-ce que je sais ce que monsieur de Saltignac fait la nuit? — Je croyais que madame pouvait le savoir; si madame ne le sait pas, j'aurais peut-être tort de raconter ce que l'on m'a assuré. — Si c'est quelque chose qui me donne raison de douter du cœur de mon mari, ne me le dites pas. — Quand je ne le dirais pas, madame le saurait toujours, il vaut mieux que madame soit prévenue. Madame, monsieur a reçu cette nuit un enfant qu'il a fait porter par monsieur Ternon à sa femme, et qui sera élevé dans le château. — Pourquoi m'affligerais-je d'une bonne action de monsieur de Saltignac. — Madame je craignais que vous n'imaginiez que cet enfant... — Que voulez-vous que j'imagine? — Rien : combien y a-t-il de temps que madame de St. Menant est partie pour les eaux ? — Trois mois. — Ne trouviez-vous pas, madame, que sa taille était moins mince, qu'elle avait perdu de son élégance? — C'est l'effet des obstructions, elle en est attaquée et c'est pour cela qu'elle est allée aux eaux. — Je parie qu'elle aura retrouvé sa jolie tournure, lorsqu'elle reviendra, et que Monsieur pourra encore lui dire: ma belle cousine, que vous êtes bien faite, on vous tiendrait dans les deux mains. — Quest-ce que cela veut dire ? quel rapport cela a-t-il avec cet enfant; Félicie, vous m'êtes attachée, vous avez le désir de me plaire, de me faire votre cour, mais vous prenez un mauvais moyen; cessez ces propos, et ne vous avisez jamais de compromettre, en quoi que ce soit, la réputation de la cousine, de mon mari; mon amie dont la vertu et l'attachement me sont connus. — Je me tairai madame, d'autres parleront. Il y a des choses si claires qu'elles sautent aux yeux. Sortez Félicie, et rendez grâce à l'attachement que me donne pour vous plusieurs de vos bonnes qualités, si je ne vous renvoie pas au moment même :....... Félicie, attérée par une pareille réprimande, tombe aux genoux de sa maîtresse; fond en larmes, l'assure qu'elle n'a rien dit d'elle même, que madame Ternon en dit bien plus, et que c'est par l'attachement, le respect, qu'elles ont l'une et l'autre pour madame la Marquise, qu'elles sont indignées que l'on mette sous ses yeux un enfant dont la ressemblance ne trahit que trop l'origine. — Levez-vous Félicie : vous dites qu'il ressemble à madame de St.-Menant ? Cela n'est pas vraisemblable ; d'ailleurs cet enfant est nouvellement né. — Il y a au moins un mois. — Et vous voulez que l'on distingue des traits qui ne sont pas encore formés ? Je vous le répète, gardez pour vous ces observations et ne m'en parlez plus. Félicie vit bien qu'elle avait atteint le but qu'elle se proposait. Elle laissa sa maîtresse livrée à ses réflexions, fit son service en silence et ne troubla plus, par son bavardage ordinaire, les pensées de la Marquise qui toutes avaient pour objet le mystérieux enfant. Elle ne le donnait pas à la Baronne, elle l'aimait de trop bonne foi pour flétrir sa vertu dans son âme; mais elle était affligée qu'on le dît: la réputation est si fragile. Ce bruit seul était fâcheux; elle emploiera tous ses soins pour le faire cesser si elle ne voulait pas que j'appartinsse à la cousine de son mari, il n'en était pas de même à l'égard de son époux. Il n'y avait, selon elle, aucun doute que je ne fusse le fils de M. de Saltignac : alors, par un mélange de sentimens qui ne se trouve que dans une âme délicate, ma naissance l'affligeait parce qu'elle lui donnait la certitude que M. de Saltignac lui était infidèle, et ma pauvre petite personne l'intéressait, parce qu'étant le fils de celui qu'elle aimait passionnément et ayant beaucoup de ressemblance avec lui, d'après ce qu'on lui disait, il n'était pas possible qu'elle ne m'aimât pas. Combien de fois, se disait-elle, n'ai-je pas prodigué à une image insensible, les témoignages de mon amour: que de baisers, de larmes, quelles douces expressions ne lui ai-je pas adressées; comment ne trouverai-je pas une illusion plus chère, en tenant dans mes bras le fils de mon cher Alfred. Le ciel m'a refusé la douceur d'être mère: Eh bien! j'en servirai à cet enfant; quand il passera ses petites mains sur mes joues je croirai que c'est son père qui me caresse; si ses yeux se portent avec tendresse sur moi, je croirai y lire l'expression de l'amour de celui dont je porte le nom; si sa bouche me sourit..... Mais ne dit-on pas que c'est celle.... Non, non madame de St. Menant ne peut être coupable. Pauvre cousine, n'est-ce donc pas assez d'avoir perdu son époux, d'être restée sans fortune! Faut-il encore que la calomnie s'acharne sur ses pas..... Enfin je suis décidée à défendre ma cousine et à chérir l'enfant de M. de Saltignac; ce sera une nouvelle preuve de l'amour que je lui ai voué: qui sait si le ciel ne m'en récompensera pas, si je n'aurai pas aussi un fils. Eh bien! son frère sera son Emule, et élevés ensemble, ils s'aimeront sans savoir les liens qui les uniront. Il me tarde de voir M. de Saltignac. J'imagine qu'il sera embarrassé en me voyant; que c'est cette raison qui l'empêche de remplir une sorte de devoir qu'il s'est imposé de venir tous les matins savoir de mes nouvelles; l'heure où il se rend chez moi est passée; si j'allais le trouver dans son cabinet, peut-être cela lui ferait plaisir et lui épargnerait un aveu pénible. J'aurai su qu'il y a un enfant trouvé dans le château, j'en paraitrai enchantée, oui, c'est ce que je peux faire de mieux. Elle sort de chez elle, traverse les grands appartemens qui séparent ceux du mari et de la femme, et qui ne laissent entre eux d'autre rapport que le nom qu'ils portent. Arrivée à l'appartement d'Alfred, elle s'arrête, son courage l'abandonne, elle craint de lui déplaire, elle hésite. Au même moment M. de Saltignac, qui, enfin était décidé à apprendre à sa femme qu'il était dans l'intention de m'adopter, ouvrait sa porte pour sortir de chez lui. Il est étonné de rencontrer la Marquise; il croit qu'elle vient lui faire des reproches, et il est fâché qu'elle ait appris par d'autres l'événement de la nuit. Dans les êtres orgueilleux rien ne les rend aussi maussades, que d'imaginer qu'on leur croit un tort; M. de Saltignac était de ce nombre, aussi la douce Adelle est effrayée de l'air sombre et rêveur du Marquis.—Que me voulez-vous madame? qui vous fait sortir aussi matin de votre appartement?—Monsieur il est près de dix heures et vous venez ordinairement à neuf heures, je craignais que vous ne fussiez incommodé. — Vous voyez que vous vous trompez, je me porte bien; mais puisque vous vous êtes donnée la peine de venir jusqu'ici, entrez nous causerons un instant. Adelle tremblante et entièrement déconcertée par l'air froid et de mauvaise humeur de son mari, se repentait bien d'être venue le trouver. Cependant elle obéit à ses ordres. Elle entre : le Marquis ferme la porte au verroux, la prie de s'asseoir dans une bergère et se tint debout devant elle. — Eh bien madame, vous voilà donc toute déconcertée et peut-être bien fâchée de ce qui s'est passé cette nuit ; car vous ne me ferez pas accroire que c'est l'inquiétude sur ma santé qui vous amène. Vous venez pour savoir quel est l'enfant que l'on a placé cette nuit sous mes croisées. — Il est vrai que je le désirais, sans cependant vouloir en aucune manière vous contrarier, si ce n'est pas votre intention de me l'apprendre puisque vous voulez que je vous dise ce qui m'amène, le voici : on m'a parlé d'un enfant que vous avez reçu cette nuit, que vous avez confié à Ternon et à sa femme ; je venais vous dire que je revendique ce droit ; que c'est moi qui veux en prendre soin ; que puisque le ciel et votre indifférence me privent du bonheur d'être mère, cet enfant sera le mien : qu'il me sera infiniment cher puisqu'il vous l'est. — Quoi, serait-il possible, mon Adelle ! quoi, vous aimeriez mon petit Raoult, il trouverait en vous une mère, puisqu'il ne peut avouer la sienne sans la perdre. Ah! que je suis criminel de n'avoir pas senti tout le prix d'un cœur comme le vôtre, pardon ma charmante amie, combien la naissance de cet enfant est précieuse pour moi et pour vous, puisqu'elle me fait connaître toute la grandeur de vos sentimens, toute la tendresse de votre cœur. Ah! je jure, mon Adelle, que vous vous êtes acquis, par la générosité de votre conduite, des droits qu'aucune autre ne partagera.

La Marquise passant tout-à-coup de la plus mortelle inquiétude à la joie innocente que lui faisait éprouver ce que lui disait le marquis, s'y livra avec toute la sensibilité de son cœur, et se jetant dans ses bras, elle lui prodigua les plus tendres baisers. Le bonheur et la vertu donneraient de l'éclat à la laideur; à plus forte raison rendent-ils une figure encore jeune, fraîche et sans défaut sensible, bien capable de porter une douce ivresse dans les sens d'un époux à la fleur de l'âge; aussi, moitié par calcul, moitié par un entraînement involontaire, l'époux d'Adelle combla ses vœux. Ce verroux fermé, pour se livrer sans témoin à toute la mauvaise humeur conjugale, servit au contraire à éloigner les importuns qui eussent troublé les mystères de l'hymen, rallumant son flambeau à celui de son frère qui l'avait confié à la sensible Adelle. Tout est expliqué, tout est convenu : mon berceau sera apporté dans le boudoir d'Adelle. Une jolie femme dit-on recommandait à un peintre qu'il n'y eût point d'enfant dans la décoration du sien. Adelle m'y a admis comme gage de la tendresse de de son époux. Adelle, vous étiez une jolie femme, mais plus encore une femme sensible, bonne, vertueuse, et je ne puis prononcer votre nom qu'avec la plus tendre vénération.

CHAPITRE VII.

L'arrivée de Jacques avait interrompu le second entretien de nos amis; il apportait différentes choses qui pouvaient plaire à Raoult, et dont Théodore s'était occupé. Notre convalescent y fut très-sensible; mais il disait toujours : comment pourrai-je m'acquitter avec vous, je n'ai rien, on m'a tout volé; je ne puis avoir ici nulle relation avec qui que ce soit. —Restez avec moi et vous m'aurez plus que payé de ce que vous croyez me devoir.—Je resterais avec grand plaisir. Si je pouvais faire savoir où je suis, peut-être pourrais-je retrouver des moyens de ne pas vous être à charge.—Non c'est impossible, je ne veux pas que l'on sache que j'existe, et quelque doux qu'il me fût de vous garder près de moi, la crainte d'y voir venir d'autres humains me ferait renoncer au bonheur de vous avoir pour compagnon de mes dernières années; si vous teniez fortement à faire connaître où vous êtes. Mais avez-vous donc le projet de me quitter promptement?—Je ne puis le former d'une manière précise; et quand vous saurez le reste de mes aventures, c'est vous qui déciderez de ce que vous croirez que je dois faire. Je vous dois la vie, vous êtes mon père plus que celui qui m'a donné le jour, car je n'ose affirmer quel il est, ce sera donc vous qui me dirigerez, certain que vous consulterez bien plus mon intérêt que le vôtre. —Vous pouvez en être assuré ; j'accepte donc, avec joie et reconnaissance, les droits paternels que vous me donnez ; et j'en userai pour votre bonheur, souhaitant seulement qu'il puisse se concilier avec le mien et quelquefois je m'en flatte. Jacques va partir; vous auriez encore le temps de me dire quelque chose de votre vie. Comme vos forces reviennent chaque jour, je crois que vous pourriez aller jusqu'au bord de la forêt : prenez une canne, allez doucement; je vous joindrai dès que j'aurai fermé la lettre que j'écris au curé, et que Jacques emportera. Théodore eut bientôt rejoint son ami, qui reprit ainsi:—rien ne peut être comparable, m'a-t-on dit, aux soins que madame de Saltignac prit de mon enfance, ceux d'une mère ne pouvaient aller plus loin. Ce qu'elle avait prévu arriva, le ciel bénit ses généreuses intentions; elle devint grosse, et son mari, sans diminuer la tendresse qu'il me témoignait, n'en parut pas moins enchanté d'avoir un enfant d'Adelle. Celle-ci eut été trop heureuse, si au retour de madame de St.-Menant, les propos qui s'étaient assoupis sur la prétendue maternité de la Baronne, ne se fussent réveillés avec une telle force, qu'ils se changèrent en certitude. Cependant Adelle n'y croyait pas encore, quand son mari fut cause qu'elle ne put douter de son malheur et des prétendus torts de sa cousine.

Dès qu'elle fut arrivée de son long

voyage, elle accourut à Saltignac. Elle fut extrêmement surprise de me voir dans l'appartement de la Marquise. M. de Saltignac, qui avait apparemment de fortes raisons de laisser ignorer qui j'étais, se trouvait dans l'appartement de sa femme, quand madame de St.-Menant arriva, et, soit volontairement ou par un de ces hasards qui souvent donnent créance aux combinaisons des gens à conjectures, le marquis n'eut pas plutôt aperçu sa cousine, qu'il me prit dans mon berceau et me plaça dans les bras de la veuve, et dit : le voilà ce cher enfant; convenez que sa destinée est bien heureuse. — Je ne connais point cet enfant, je ne sais s'il est heureux ou malheureux. — C'est inutile de feindre avec Adelle, elle sait tout et n'en aime que mieux notre cher Raoult. Oui, dit la marquise, avec beaucoup de dignité, j'ai dû me charger des soins qu'exigeait cet enfant, et ses liens, avec monsieur de Saltignac, n'ont pu être un obstacle à mes bontés. L'innocente créature n'est pas cause de sa naissance; mais si sa mère avait l'audace de se présenter chez moi, voilà sûrement ce que je ne souffrirai pas; et me reprenant des mains de sa cousine, elle me donna à boire du lait sucré et, m'ayant endormi, elle me remit dans mon berceau. Madame de St.-Menant, étourdie de ce qu'elle voyait, de ce qu'elle entendait, ne concevait rien à ce que le marquis avait dit, encore moins que sa cousine, la reçût avec un froid glacial. — Que vous ai-je fait, ma chère Adelle? — Rien madame. —

Et depuis quand votre pauvre amie est-elle madame, pour sa cousine? — Laissez passer, ma chère amie, ce premier moment, dont heureusement personne n'est témoin, dit le marquis, en conduisant madame de St.-Menant dans une embrâsure de croisée. Adelle se mit à son métier, et ne parut faire aucune attention à eux. Cependant elle voyait qu'Angelina parlait avec beaucoup de chaleur et élevait la voix; que le marquis lui pressait les mains, paraissait la prier de se contenir. On vint avertir que l'on avait servi.

Madame de Saltignac qui avait toujours eu beaucoup d'empire sur elle-même, reprit, avec son mari et sa cousine, dès qu'il y eut des témoins, ses manières accoutumées, et personne ne se douta qu'elle eût à se plaindre de madame de St.-Menant. Celle-ci, qui avait le plus vif désir de de s'expliquer avec elle, la pria de venir se promener dans le parc. — Cela ne se peut pas, dit la marquise à voix basse, conservons les dehors, mais plus d'intimité, plus de confiance; puis élevant la voix elle appelle son mari et lui dit: monsieur de Saltignac, madame de St.-Menant vous prie de la ramener ce soir à Bordeaux. — Non, dit l'infortunée Angelina, je ne partirai pas sans que vous m'ayez expliqué cet inconcevable caprice; je ne suis coupable en rien, je resterai jusqu'à-ce que je sache...... — Vous en êtes la maîtresse, madame, mais alors je pars. — Que vous ai-je fait? — Moins de mal qu'à vous-même, je ne veux point d'explication; je n'en aurai point; elles sont au-dessous de moi.— Adelle, vous me faites mourir.—Au nom de Dieu, madame, ne vous donnez point en spectacle, je vous en conjure.

La baronne désespérée, voyant en effet que tous les yeux se portaient sur elle, que l'on chuchotait, fut tellement déconcertée, étant d'ailleurs fort timide, qu'elle ne pensa plus qu'à se retirer le plus tôt possible.

Le marquis avait dit que l'on mît les chevaux à la calèche. On vint avertir qu'elle était prête. Il donna la main à la pauvre veuve, qui s'approcha encore de sa cousine et lui dit : Adelle, vous vous reprocherez un jour le mal que vous me faites. Adieu. —Oui, adieu : et des larmes roulaient dans les yeux de la marquise. Je n'aurais jamais cru..... et elle se hâta de rentrer.

Le marquis, dès qu'il fut en voiture, employa toute son éloquence pour calmer la profonde douleur de madame de St.-Menant. C'est un accès de jalousie, causé par des propos : on lui a dit que cet enfant était à vous et à moi.—A moi, s'écria-t-elle, à vous, je le crois, mais à moi : grands Dieux ! et vous souffrez une pareille calomnie !— J'ai assuré le contraire. — Que je suis malheureuse !— Cela se calmera, surtout ne vous éloignez pas, ce serait donner plus de crédit à ces faux rapports. Je ramènerai Adelle : écrivez-lui ; on lit avec plus de sang froid que l'on n'écoute. La veuve, au désespoir, éprouvait l'effet immanquable de la pauvreté qui, en vous isolant, ne vous laisse plus ni appui ni défenseur. Le marquis eut beau l'assurer de tout son zèle, elle n'y croyait pas, elle savait à quel point il était immoral. Elle avait eu besoin d'employer contre ses entreprises une extrême fermeté, et c'était cet homme à qui on osait dire qu'elle avait eu la faiblesse de céder ; on allait plus loin : cet excès de méchanceté la mettait au désespoir. Arrivée à Bordeaux, elle exigea que le marquis n'entrerait pas chez elle, et, s'étant renfermée dans son modeste logement, elle se mit à fondre en larmes, et écrivit cette lettre que la marquise me remit ainsi que la réponse, et que j'avais l'habitude de porter dans une poche intérieure de mon gilet, ce qui fait qu'elles ne m'ont pas été volées avec mes autres papiers.

« Je ne suis plus votre parente,
« votre amie. Ah ! c'est vous, mé-
« chante, qui n'êtes plus mon Adelle :

« quel est mon crime ? Je suis sûre
« de n'en avoir aucun à me repro-
« cher. Faut-il que vous donniez
« créance à des bruits dénués de
« tout fondement. C'est vous qui
« m'avez fait partir pour les eaux ;
« j'y ai passé les deux saisons ; on
« m'y a vue tous les jours ; soyez juste
« et vous verrez, ma chère Adelle,
« que la jalousie vous a aveuglée. Je
« n'aimerais point monsieur de Sal-
« tignac quand même il serait li-
« bre, comment aurais-je pu répon-
« dre à un amour coupable, et qui
« ferait le malheur de ma seule et
« unique amie. Mais parlons de la
« plus grave des imputations : Raoult
« dit-on est mon fils. Je n'ai qu'un
« mot à répondre à une pareille ca-
« lomnie, et le voici : si Raoult était
« mon fils, je n'eusse laissé à aucune

« femme le droit de lui donner le
« doux nom de mère et encore moins
« à celle du père de mon enfant ; j'au-
« rais pris mon fils dans mes bras,
« j'eusse été me cacher avec lui au
« fond d'une province dans laquelle
« je n'aurais pas été connue, et là, je
« me serais mise à l'abri et de la fausse
« pitié et du mépris. Mon caractère,
« ma chère Adelle, devait vous être
« connu et vous mettre en garde
« contre les faux rapports. J'espère
« que vous réfléchirez à ce que je vous
« dis. Je ne finirai pas sans vous as-
« surer, par tout ce qu'il y a de plus
« sacré, que je n'ai jamais eu la moin-
« dre intelligence avec monsieur de
« Saltignac ; et que Raoult n'est pas
« mon fils, parce que ni lui ni d'au-
« tres ne peuvent l'être. Répondez-
« moi bien vîte, demandez-moi par-

« don. Je suis bonne, indulgente
« et je vous aime à la folie ; ainsi
« vous êtes bien sûre qu'un mot suffit
« et je vole dans vos bras.

« Je vous fais mon compliment
« bien sincère sur votre grossesse.
« Faut-il que je l'aie sue par le bruit
« public.

« Adieu Adelle, le ciel veuille
« que ce ne soit pas pour toujours!

« La Baronne de St.-Menant.

Je ne verrais pas assez clair pour vous lire la réponse de la marquise, ce sera pour demain. En effet, ils quittèrent la forêt et revinrent à l'ermitage.

CHAPITRE VIII.

La réponse de la marquise intéressait Théodore, ainsi il hâta l'instant qu'il consacrait à entendre Raoult; et ayant choisi un tertre couvert de gazon et qu'un érable ombrageait entièrement; ils s'y assirent. Raoult lut la lettre de la marquise qu'il avait conservée comme lui donnant quelque connaissance de son origine; et qui, ainsi que je l'ai dit, par une circonstance heureuse, ne se trouvait pas dans son portefeuille, quand les brigands le lui enlevèrent.

« Le stile de votre lettre, madame, me surprend ; si vous persistez dans le système que vous avez adopté de nier l'évidence, vous auriez pu vous dispenser de m'écrire, et m'épargner le chagrin de vous répondre. Les aveux de la personne que cela intéresse, démentent vos dénégations ; j'espère que vous sentirez que le mensonge aggrave vos torts et qu'un aveu vous assure toute mon indulgence.

» Cependant vous devez penser qu'il est impossible que nous nous voyions d'ici à quelque temps : qu'il serait fâcheux pour moi qu'on imaginât les raisons qui nous séparent ! Je crois que vous ferez bien de quitter Bordeaux. Si vous avez eu quelque amitié pour moi, je me flatte que vous n'hésiterez pas à faire ce sacrifice, non-seulement à votre réputation, mais même à mon repos. J'ai une habitation à Saint-Domingue ; acceptez, je vous prie, d'en suivre les travaux. Je vous abandonnerai la moitié des revenus, l'autre est destinée à Raoult. Le marquis approuve ces arrangemens. Ne vous y opposez pas, je vous en conjure pour notre bonheur à tous. Dans vingt ans nous nous reverrons ; toutes les passions seront amorties ; et celui qui nous divise maintenant, alors nous réunira. Soyez tranquille pour l'objet qui vous est cher. Je disputerai à la tendresse maternelle, les soins les plus assidus.

» Adieu, soyez encore mon amie en acceptant ce que je vous offre, et alors je serai aussi la vôtre.

J'attends de vous une parfaite

confiance, qui me mette à même de vous être utile.

» Adelle, marquise de Saltignac. »

Il est aisé de voir, dans cette lettre, la bonté d'Adelle. Elle voulait assurer à celle qu'elle croyait sa rivale, un sort heureux, reversible sur son fils. Est-il rien de plus noble : aussi le marquis ne cessait de lui marquer sa vive reconnaissance ; il avait toute confiance en celle qui se montrait si indulgente ; et, sans prononcer entièrement que j'étais le fils de madame de St-Menant, il le persuada tellement à la marquise, qu'elle ne croyait pas pouvoir mettre assez de distance entre cette femme et Alfred. Elle avait trouvé le moyen de satisfaire tout à la fois la bonté de son cœur, et ce qu'elle croyait devoir à l'honnêteté publique. Elle attendait avec une extrême impatience la réponse de sa cousine. Elle avait exigé que le marquis n'irait point à Bordeaux, jusqu'à ce que madame St-Menant eût fait connaître sa détermination. Enfin, au bout de huit jours, un homme inconnu apporte une lettre à l'adresse de la marquise et en demande le reçu, qu'on lui donna sans difficulté. On ouvre le paquet, il ne contient que la lettre de la marquise à sa cousine, six billets de mille francs chaque que madame de Saltignac lui avait envoyés pour son passage, et pas une seule ligne. — Elle me refuse, s'écrie-t-elle douloureusement! Elle préfère le déshonneur à une existence honnête qui eût assuré celle de son fils. C'est ainsi qu'elle répond à mon indulgente amitié! C'est une chose affreuse. Le marquis chercha à la justifier, dit qu'elle n'aura pu se décider à s'éloigner des objets qui lui étaient chers. — Elle n'en verra pas davantage Raoult, car je ne souffrirai point qu'elle vienne ici, et je ne le lui enverrai pas.

Le même jour, il vint de Bordeaux à Saltignac une société nombreuse, entre autres des femmes qui se piquaient d'être attachées à la marquise ; elles accouraient pour lui faire leur compliment sur le départ de madame de St.-Menant.

Elle est partie ! reprit Adelle. — Ne le saviez-vous pas ? — Mon Dieu non, je l'ignorais. Alors une de ces dames raconta que la veuve avait vendu ses meubles qui n'étaient pas considérables, le peu qu'elle possédait de bijoux, de vaisselle d'argent;

et, après avoir payé ce qu'elle pouvait devoir, renvoyé deux domestiques qui la servaient depuis longt-temps, et qui reçurent d'elle, outre ce qu'elle pouvait leur devoir de gages, une gratification qui leur donnait le temps de trouver une autre maison, remit son logement à son propriétaire, et ayant d'avance fait retenir une place dans la diligence, est partie ce matin à cinq heures. — Et sait-on où elle va? — Elle ne l'a pas dit. On présume, que ce pourrait fort bien être, pour entrer dans quelque maison religieuse d'une manière ou d'une autre. Vous n'en serez plus importunée, et plût à Dieu qu'il vous ôtât le fils comme il a éloigné la mère. J'en serais bien fâchée, et mon petit Raoult m'est très-cher ; c'est un charmant enfant. Je suis fâchée qu'Angélina n'ait pas accepté ce que je lui avais proposé, d'aller à Saint-Domingue, sur mon habitation : elle ne l'a pas voulu, elle a eu tort ; je ne puis concevoir comment elle vivra, car elle est bien pauvre. — Une jolie femme dans Paris, a des ressources qui ne manquent jamais. — J'aime à penser que de tels moyens ne seront point adoptés par une femme qui appartient d'aussi près à monsieur de Saltignac ; elle a pu avoir un instant de faiblesse, mais n'être pas avilie. Si vous prenez à moi, mesdames, l'intérêt que vous me témoignez, je vous prie de m'en donner une preuve en diminuant, autant qu'il vous sera possible, les fautes de celle qui m'a été très-chère et à laquelle il m'est impossible de ne pas prendre encore un véritable intérêt. — En vérité vous êtes une femme d'une bonté comme il ne s'en rencontre guères ; et elles lui promirent de faire tout ce qu'elles pourraient, pour que madame de St.-Menant ne fût pas entièrement perdue de réputation. Mais soit qu'elles n'en fissent rien ou que la malveillance surpassât leur zèle, la pauvre Baronne fut perdue, et tout le monde disait : elle s'est rendue justice en s'exilant ; sa conduite avec sa cousine est affreuse, impardonnable, etc. etc.

Ce qui fut plus triste, c'est qu'à compter de ce jour, pendant de longues années, il fut impossible de savoir ce qu'elle était devenue, quelques recherches que l'on pût faire, que madame de Saltignac n'a jamais discontinuées; elle ne pouvait se consoler d'avoir été cause de la résolution que cette femme infortunée avait prise de se séparer pour toujours des seuls êtres qui prissent intérêt à elle, et qui l'empêchaient de sentir les pointes aigues de la misère. Ce qui étonna la Marquise, fut de voir son mari assez peu sensible au départ de la Baronne; si cet événement l'eût mis au désespoir, elle en eut été bien fâchée, mais elle voyait, avec étonnement, qu'un homme qui était cause du malheur d'une femme en fût aussi peu touché, et quelquefois elle lui en faisait des reproches auxquels il répondait: que son cœur était tellement rempli par des sentimens aussi doux que légitimes, qu'il n'y avait plus de place pour les seules liaisons de plaisir. D'ailleurs un événement qui, pour être attendu, n'en était pas moins vivement senti, arriva et fit oublier pour quelque temps la pauvre fugitive.

La Marquise accoucha le plus heureusement du monde d'une fille, que la beauté qu'elle annonçait fit nommer Gabrielle; elle naquit dix mois et quelques jours après ma naissance. Adelle la nourrit, et n'en eut pas moins de soins de moi; elle nous avait souvent tous deux dans ses bras, et j'aimai Gabrielle, bien avant d'avoir aucune idée de l'amour et même de l'amitié, dont je n'aurais pas même pu bégayer le nom. Que je me sentais heureux quand ma mère adoptive nous pressait tous deux contre son sein. Mes chers enfans, disait-elle, soyez toujours unis, et s'il était vrai que le Marquis ne fût pas le père de Raoult, si. . . . Et elle arrêtait sa pensée dans la crainte qu'elle ne fût coupable. Cependant depuis que madame de St.-Menant était partie, le Marquis ne disait pas affirmativement que j'étais son fils, mais laissait toujours croire que la Baronne était ma mère. C'était là ce qui lui paraissait le plus important à persuader. Quel était son motif ? Je l'ignore.

Je n'entrerai dans aucuns détails sur notre éducation. Elle fut toujours celle qui convenait à notre sexe et à notre âge. Mais les événemens, changèrent la face de la fortune publique et particulière, et je suivis mon père adoptif en Allemagne. Avant de partir il vendit tous ses biens à Ternon et à sa femme avec un réméré secret, qui devait durer vingt ans. On se moquait du Marquis : on assurait qu'en une campagne tout serait fini, et c'est pourtant à cette mesure qu'il doit d'avoir conservé sa fortune, et que la Marquise, et sa fille restèrent dans la même position où elles étaient avant le départ du Marquis. Les actes avaient été si bien faits, qu'il était impossible que l'on pût disputer à Ternon sa propriété; et sa probité fut si intacte qu'il ne toucha jamais que ce qui lui revenait comme régisseur, et laissait à sa maîtresse l'entière jouissance des revenus, à l'exception des intérêts d'une somme de cent mille francs, que monsieur de Saltignac avait emportée au moment de son départ. Tous ces arrangemens étaient bons, tant que Ternon vivait, s'il était venu à mourir, il n'y a pas de doute que la Marquise eût pu éprouver de grandes difficultés, mais il vit encore, et même Félicie, ces premiers témoins de mon entrée à Saltignac, dont un, comme je l'ai toujours présumé, en savait plus que tout autre. Mais sa discrétion est à l'abri de toute séduction. Elle cache sûrement un secret important sous de fausses révélations, et elle soutient toujours, ainsi que madame Ternon, que je suis fils de madame de St.-Menant. Mais elle ne dit plus que le Marquis est mon père. Selon elle il a seulement voulu rendre service à cette dame, en se chargeant de son fils. Demain je vous parlerai de mes voyages, aujourd'hui je me sens un peu fatigué : rentrons, dit Théodore.

CHAPITRE IX.

Quoique je rapporte de suite tout le récit de Raoult, il ne faut pas croire néanmoins que chaque jour il en raconta une partie à Théodore. Différentes occupations, auxquelles Raoult se livra dès que ses forces le lui permirent, interrompirent souvent sa narration, et plusieurs mois se passèrent avant qu'elle fût finie. Pendant ce temps le curé vint à l'ermitage, et jugea favorablement du jeune homme; il l'entretint en particulier pendant assez long-temps, et tout lui parut annoncer en lui un homme bien né et ayant reçu une très-bonne éducation. Il avait, à ce qu'il paraissait néanmoins depuis qu'il était sorti une seconde fois du château de Saltignac, vécu à Paris avec nos sages de vingt ans. Comme il avait de l'esprit et une mémoire très-heureuse, il en avait retenu les maximes, qu'il n'adoptait pas entièrement, quoi qu'il n'en approfondît pas toutes les conséquences dangereuses ; surtout il parut au pasteur de Cousance, avoir peu d'idée des mœurs et des usages qui avaient précédé quatre-vingt-neuf. Ses doctes amis lui avaient dit qu'avant cette époque, tout était *atroce* ou *ridicule*. Quoi qu'il parût au curé que le jeune homme ne partageât pas les opinions de nos jeunes-gens, il craignait qu'il n'en eût adopté quelques-unes; et d'après cette idée, il disait à Théodore : gardez-vous bien de lui rompre en visière; à son âge tout est passion; on ne juge que par le sentiment : de froids raisonnemens ne servent à rien. Vous avez vécu dans le grand monde, même à la cour. Vous avez, sur les mœurs du commencement de l'autre siècle, de fort bonnes notes; vous m'en avez fait voir. D'après ce que j'ai su de mes parens, qui habitaient Paris depuis plus de cent ans, elles m'ont paru très-exactes. Excitez sa curiosité, en lui racontant quelques anecdotes; il voudra que vous lui disiez tout ce que vous aurez vu. Vous accepterez, sans faire la moindre observation, sans même répondre aux siennes. Voilà les faits, lui direz-vous : la vérité est simple, ne connaît ni esprit de parti ni enthousiasme. Théodore promit au pasteur de suivre ses avis, et nous verrons quel en fût le résultat.

Le curé avait apporté plusieurs ouvrages anciens, nouvellement réimprimés : tels que Bossuet, Fénélon, les Lettres de madame de Sévigné, et la belle collection des Mémoires pour servir à l'Histoire de France. Théodore qui les avait lus, dès qu'il avait pu les comprendre, se promit de les relire avec encore plus de fruit ; car il était loin d'être de l'avis de ceux qui regardent en pitié ces chefs-d'œuvre, et disent : c'est de ce pauvre siècle de Louis XIV, où on était si ignorant, où on n'avait pas encore trouvé le moyen d'anéantir le diamant par l'action du soleil, et tant d'autres belles choses que nos enfans de dix à douze ans savent à merveille. Raoult partagea cette occupation qui le charma. Les journées sont longues quand on n'a guère plus de vingt-cinq ans, et que l'on est tête à tête avec un homme de près de soixante. Et quand il eut commencé à lire ces excellens ouvrages, comme il avait reçu de la nature un sens droit et un goût exquis, il ne les quitta plus; et il fallait que son hôte l'appelât plusieurs fois pour qu'il se rendît, soit pour l'heure des repas, soit pour aller chasser avec lui dans la forêt. Ce fut une des choses qui retardèrent la fin de son récit. Cependant un jour que la pluie avait empêché Théodore de sortir, il proposa à son jeune ami de prendre du thé, et ayant allumé du feu dans la bibliothèque, où les nouveaux volumes de ces d'immortels ouvrages avaient été placés ; il engagea Raoult à se rappeler où ils en étaient restés.

A une époque, reprit-il, bien douloureuse pour moi, celle où je quittai pour la première fois ma mère adoptive et ma chère Gabrielle. Je ne savais ce qui déterminait Alfred à s'éloigner de sa belle habitation, où il n'avait éprouvé aucune de ces scènes qui ont forcé tant de nobles à fuir leur patrie, mais la plupart de ses voisins partaient. On ajoutait à plusieurs motifs, celui qui a le plus de force pour un français, le point d'honneur. Il prit donc la précaution dont je vous ai parlé, et quand tout fut réglé, il entra dans ma chambre et me dit : Raoult, veux-tu venir avec moi en Allemagne? — Avec maman et ma sœur, car j'appelais ainsi madame et mademoiselle de Saltignac. — Non, parce qu'il y aurait trop de danger pour elles. — Trop de danger! Mais pourquoi les quitter? — Parce que ma naissance m'en fait une loi ; et je t'associe à cette généreuse démarche, parce qu'il y a tout lieu de penser que tu es fils d'un gentilhomme. — Mais quitter Adelle et Gabrielle, c'est bien triste. — C'est la seule manière de te faire un état : tu entreras dans l'armée des princes, tu feras ton chemin ; et quand nous rentrerons, tu auras des honneurs, de la fortune. — Si Gabrielle y consent, je suis prêt à partir. Le Marquis sourit, fit faire ses malles, et me laissa aller prendre congé de la Marquise et de sa fille.

La première était d'avis de ce départ : car croyant toujours que j'étais le fils de son mari, elle ne me voyait pas élever avec sa fille sans inquiétude ; d'ailleurs ayant beaucoup d'opposition pour tout ce qui se passait alors, elle aimait mieux que ni le Marquis, ni moi, nous ne fussions pour rien dans ce triste drame ; quant à Gabrielle qui n'avait que huit ans et était par conséquent aussi peu initiée que moi dans le dédale de la politique, ne voyait dans ce projet que l'interruption de nos leçons et de nos amusemens, et par conséquent elle le désapprouvait; elle le dit tout haut, pensa, par ses plaintes, ses murmures qui furent entendus des habitans de Saltignac, empêcher le Maire et les Municipaux de nous délivrer des passeports dont nous avions tant de besoin.

Enfin monsieur de Saltignac trouve moyen de la faire consentir à mon départ. La veille du jour, où il était décidé à se mettre en marche, quand nous fumes réunis le soir, il tire d'une petite cassette deux cocardes blanches, en donne une à Adelle, l'autre à Gabrielle. Au moment leur dit-il d'entrer dans le sentier de la gloire, c'est de vous que nous devons recevoir le signe de ralliement consacré par ceux que nous allons rejoindre. Le ton solennel dont le Marquis prononça ces paroles ; cette imitation des mœurs chevaleresques qui charment les femmes dès qu'elles peuvent comprendre, fit sur Gabrielle l'effet que le Marquis s'était promis ; elle prit la cocarde blanche, l'attacha en pleurant à mon chapeau, m'embrassa avec la tendresse d'une sœur. Adelle avait aussi placé le même signe au chapeau du Marquis, l'avait aussi arrosé de ses larmes, et nous avait souhaité à l'un et l'autre de prompts succès qui nous ramenassent dans notre chère patrie.

On se mit aussitôt à table, le souper fut triste : il était impossible que ce fut autrement. Je n'avais pas encore atteint l'âge où l'aiguillon de la gloire, de quelque côté qu'on la place, embrase d'un feu guerrier, je quittais celle qui avait été pour moi la plus tendre des mères ; je quittais également la douce compagne de mon enfance sans certitude de les revoir : il me faudra changer toutes mes habitudes, et en vérité je n'en savais pas la raison.

Nous devions partir de très-grand matin ; nous nous retirâmes de fort bonne heure, promettant à ces Dames de les voir au moment du départ ; mais c'est ce que monsieur de Saltignac voulait éviter. Il défendit que l'on amenât la voiture dans la grande cour et ordonna qu'on ne fit aucun bruit : nous nous rendimes dans celle des écuries. La voiture était chargée, nous y montames, et nous étions déjà bien loin quand Gabrielle se réveilla, et demanda à sa femme de chambre de l'habiller promptement pour embrasser son père et son frère avant leur départ : lorsqu'on lui dit que nous étions partis, elle se mit à fondre en larmes.

Sa mère, qui l'entendait sangloter, accourut, la prit dans ses bras, la consola en l'assurant que nous serions bientôt de retour, elle la mena dans la chapelle pour demander à Dieu de bénir notre entreprise. La piété se fait sentir aux cœurs innocens, et les enfans s'y prêtent avec une sorte d'attrait, que malheureusement la vivacité des passions détruit dans l'âge où elles règnent impérieusement. Aussi Gabrielle, après avoir prié pour moi, pour son père, parut plus calme, et s'efforça à plaire à sa mère qui devait attendre d'elle seule toute sa consolation pendant de longues années. Adelle les employa avec un grand succès à former sa fille à toutes les vertus, et lui fit acquérir les talens qui rendent la vie supportable, dans quelque situation que l'on soit. Aussi Gabrielle est la plus aimable personne que l'on puisse imaginer. Helas! beaucoup trop aimable, pour mon malheur, puisque je ne puis espérer de lui être uni, et que je l'adore. Mais je devance trop ces temps, il semble que je n'existe que du jour où j'appris que je pouvais prétendre à sa main. Ce moment éclipsa à mes yeux tous les autres événemens de ma vie ; cependant je vais tâcher de me les rappeler et d'y mettre quelque ordre.

Je n'avais pas dix ans quand je partis avec le Marquis, il m'aimait beaucoup, et me présenta à ses frères d'armes, comme un de ses parens dont le père avait été tué en Amérique, et quand on lui demanda mon nom il dit que j'étais Raoult de St.-Menant ; que mon père et ma mère étaient morts, et que cette dernière était sa cousine germaine, on pense bien que je n'osais pas le démentir ; et dailleurs il était plus agréable pour moi, de passer en pays étranger pour le fils de madame de S.-Menant, parente du Marquis de Saltignac, que d'être un enfant trouvé. Je laissai donc cette fable s'accréditer, et je ne m'opposai point à ce que l'on me nommât M. de St.-Menant, et même le baron de St.-Menant ; car jamais la manie des titres n'avait été si loin qu'au moment où on les supprimait en France.

Le marquis ne négligea point mon éducation : au milieu des marches militaires que nous faisions, il continua ses leçons. Il était fort instruit, et j'avais assez d'intelligence; il l'employa à me former, et à faire de moi, comme il le disait, un bon officier. Les mathématiques, le dessin, la langue allemande prenaient tout le temps qui n'était pas occupé par les voyages et les évolutions militaires. Cette vie active fortifia mon tempérament, que les tendres soins de M^e. de Saltignac auraient rendu délicat : à douze ans, je paraissais en avoir quinze. Je pensais toujours à Gabrielle, mais c'était comme un frère, tandis que les jolies allemandes que je rencontrais, commençaient à développer en moi ces passions fougueuses, qui m'ont rendu malheureux et heureux tout à la fois. Je ne sais si je dois vous parler de mon début dans la carrière. Un saint ermite comme vous doit être scandalisé de ce qui ne paraît dans le monde que des écarts de jeunesse. — Vous savez, mon cher, que je n'ai pas toujours été enseveli dans ce désert : et moi aussi j'ai été capitaine de dragons, et moi aussi j'ai débuté dans le monde par des sottises; et je n'ai connu le vrai bonheur d'aimer et de l'être, qu'au moment où un sort barbare m'a séparé pour jamais de celle que j'adorais, a fait périr ma femme et mon enfant, et m'a condamné à des larmes éternelles. Vous voyez que je ne suis point étranger, ni aux tourmens, ni aux plaisirs de l'amour. Ainsi j'écouterai avec intérêt, ce que vous avez à me dire de vos premières conquêtes.

CHAPITRE X.

Cependant Raoult fut cinq à six jours à commencer cette partie de son histoire. Il cherchait les termes qu'il voulait employer : il eut été moins embarrassé s'il avait eu à parler à un de ses camarades ; mais un homme grave, un ermite lui imposait une sorte de respect qui le mettait fort mal à son aise. Enfin il se décida. — Vous le voulez, mon révérend père, je vais vous parler de moi ; il y a bien peu de bien à vous en dire, vous excuserez ma franchise, et l'étourderie d'un homme accoutumé à ne rien dissimuler. Si je vais trop loin, veuillez m'avertir, et vous me trouverez docile. Théodore l'assura de toute son indulgence, et il commença.

J'avais à peine seize ans, quand M. de Saltignac fut commandé pour une expédition où il était impossible que je l'accompagnasse. Il fit un arrangement avec un professeur en droit de l'université d'Heidelberg, et me mit en pension chez lui, paya six mois d'avance, me recommanda à ses soins, à ceux de sa femme. Ces braves gens ne savaient pas un mot de français, et moi fort peu d'allemand : c'était un moyen certain de l'apprendre, surtout d'une jeune et belle fille qui pouvait avoir dix-huit printemps. Sa fraîcheur sa naïve innocence donnaient à sa physionomie un charme qui l'aurait fait préférer à une beauté régulière. Elle parut enchantée quand je vins loger chez ses parens, dont la grave monotonie l'ennuyait beaucoup. Depuis vingt-cinq à vingt-six ans qu'ils étaient unis, chaque jour de leur vie ressemblait à la veille, et le lendemain lui était semblable. Toujours, hiver et été, levés à cinq heures, à six heures à l'église, déjeunaient à sept; la femme et la fille travaillaient de l'aiguille jusqu'au dîner, le mari à ses cahiers d'histoire et de droit public. La table consistait en l'énorme plat de choucroute, le morceau de viande cuite au four, avec des confitures, du raisin de Corinthe : et des pommes de terre les jours maigres ; car ils étaient catholiques. Le second plat était remplacé par des escargots ; joignez à cela de la bière et la gazette de Leyde : tel était le magnifique service qui n'en était pas plutôt expédié. M. le professeur était au moins une heure à table, et discutait, aussi longuement qu'il mangeait, quelques opinions politiques avec sa chère moitié, qu'il avait initiée aux secrets de tous les gouvernemens. Ils n'étaient pas toujours d'accord, et c'était la seule chose qui jetât un peu de diversité dans leur vie ; ils soutenaient tous deux leurs opinions, d'abord avec politesse, ensuite avec une vivacité, qui dégénérait en colère, et souvent en voies de fait, quelques assiettes volaient ; mais comme elles étaient d'étain, il n'en résultait que quelques bosses : je dis aux assiettes, car soit maladresse ou crainte de se blesser, jamais elles n'arrivaient au but vers lequel on paraissait les diriger. Cette petite explosion d'irracibilité se calmait aussitôt : Franciska ramassait les pièces du combat, les posait sur le buffet ; M. Hackmann sortait de table, prenait sa canne et son chapeau, et se rendait au café où il restait jusqu'au soir à jouer aux échecs, fumer et à boire de la bière. Madame Hackmann rentrait dans sa salle basse, dont une des fenêtres donnait sur le rempart, reprenait son aiguille, Franciska la sienne, n'ayant d'autre plaisir que de voir passer sous ses fenêtres les promeneurs, dont quelques-uns s'arrêtaient pour la voir ; mais la fenêtre étroitement grillée et l'air sévère de la mère ne laissaient guère l'espoir d'arriver jusqu'à la jeune personne. On se contentait de dire : quel dommage ! qu'un si bel oiseau soit en cage : mais, jusqu'à mon arrivée, personne n'avait osé tenter davantage. Pour moi, qui me trouvais sous les mêmes grilles, moi pour qui on avait une considération relative à l'argent que l'on recevait pour ma pension, et à l'honneur que j'avais d'être parent d'un homme de qualité, et d'être baron de St.-Menant. On ne songeait qu'à me conserver : et d'ailleurs on n'imaginait pas qu'aussi jeune, je pusse avoir de mauvais vouloirs ; ainsi les parens étaient sans défiance.

Quant à la jeune fille, elle me trouvait charmant. Je parlais français, chose merveilleuse pour un homme né en France, mais elle aimait notre langue à la folie; elle brûlait d'être en état de lire nos ouvrages, c'est-à-dire, nos romans: et que l'on se figure l'effet que doit produire, dans une tête de dix-huit ans qui n'a rien vu que le banc de l'église, où sa mère la mène tous les dimanches, et les barreaux de sa fenêtre le reste du temps, quel effet, dis-je, doit produire l'Héloïse ou même la Princesse de Clèves. J'avais l'un et l'autre. Je lui proposai de lui faire lire le dernier; car pour Héloïse, je me souvenais que dès la première page, Rousseau disait qu'il n'écrivait point pour de jeunes filles, et que celle qui lisait un roman serait perdue; mais on m'avait dit que l'ouvrage de M.me de la Fayette était de la plus excellente morale; j'offris donc à Franciska de le lui faire traduire ; elle accepta avec transport. C'était du consentement et en présence de la mère que les leçons devaient se donner. Mais la mère n'entendait pas le français; mon écolière fit des progrès surprenans, et nous eûmes bientôt dévoré ce livre, où il n'y a pas un mot de plus qu'il ne faut, et où tout attache et séduit.

Déjà la peinture d'un amour malheureux et qui était sacrifié au devoir, avait fait couler les larmes de la jeune allemande : le cœur ne se livre pas impunément aux émotions de ce sentiment, qui l'emporte sur tous les autres, il ne peut plus s'en passer. Quoi, dit Franciska, plus d'autre livre d'amour? J'en ai un, lui dis-je, qui surpasse tout ce que l'on a écrit dans ce genre; mais il vous fera mal. Vous avez pleuré la

Princesse de Clèves : quelles seront vos douleurs, en lisant les malheurs de Julie ! Lisons plutôt le discours sur l'histoire universelle de Bossuet, et je le lui apportai ; elle bailla dès les premières pages, n'en comprenant pas quatre mots de suite : il fallut bien lui donner Julie. Avec quelle rapidité elle parcourait ses aventures ; elle n'était arrêtée par aucune difficulté. A la fin du premier volume, elle avait appris plus de français que depuis qu'elle s'en était occupée, tant à Vienne qu'à Heidelberg ; mais que n'apprenait-elle pas aussi dans ce dangereux ouvrage ? dont les pages brûlantes enflammèrent son imagination. Elle vit bientôt en moi ce St-.Preux, et se crut une Julie. Mais la mère, quoi qu'elle n'entendît pas le français, était plus gênante que la cousine, point de bosquet, encore moins de chalet, une chambre bien fermée, et toujours madame Hackmann. Cependant que de choses on avait à me demander et que j'aurais voulu dire ; mais où et comment ? à seize ans un jeune homme est encore assez bête, et je l'étais plus qu'un autre. Je craignais de compromettre celle que je croyais aimer à la folie; et il ne me serait pas même venu dans l'idée de lui demander de me rendre dans sa chambre pour causer; car c'était, à ce qu'elle me disait, ce qu'elle désirait, et pas autre chose. Quest-ce que l'on peut vouloir ? si ce n'est un baiser; mais c'était impossible : il fallait traverser la chambre de monsieur et madame Hackmann. Ainsi nul espoir d'obtenir ce baiser que je désirais avec tant d'ardeur.

Un soir elle me rend mon livre et me dit : ne vous couchez pas sans lire la cent cinquante-cinquième page. Je n'entendais pas ce qu'elle voulait dire ; mais dès que je fus dans ma chambre, j'ouvre le livre, et j'y trouve un billet, en assez mauvais français, dans lequel elle me priait de laisser ma porte ouverte et de ne point éteindre ma lumière. Je suivis exactement ce qui m'était ordonné, sans pouvoir cependant en croire mes yeux. Quoi ! serait-il possible que Franciska, oubliant tout ce qu'elle se doit, tout ce qui fait le charme du sentiment, cette pudeur dont Julie lui donne des leçons si touchantes, ait pu se décider, sans que j'aie osé l'en prier, à venir me trouver. Non, je n'abuserai point de la passion que j'inspire ; je lui rappellerai, quoi qu'il puisse m'en coûter, que la vertu peut seule rendre heureux ; que c'est de ses parens que je veux l'obtenir, et qu'aussitôt le retour de mon père adoptif, je la demanderai en mariage. Fier de ma vertu, de ma raison de seize ans, j'attends de pied ferme la plus séduisante des tentations, bien sûr d'en triompher et de ramener ma bienaimée dans les sentiers de l'honneur ; et comme je m'en croyais plus assuré que je ne puis le dire, ma porte s'ouvre, et Franciska, dans le plus séduisant négligé, se jette dans mes bras. — Mon cher St.-Preux, voilà ta Julie ; voilà celle qui est à toi pour la vie ; qui, bien plus courageuse que Me de Wolmar, ne donnera jamais à d'autres qu'à toi les droits qu'elle t'accorde. Franciska avait dix-huit ans, et était dans tout l'éclat de la jeunesse. Depuis six mois j'avais puisé dans ses regards un feu qui me dévorait. J'oubliai bientôt mes sages réflexions, et l'instinct qui porte vers un sexe qui fait le destin de notre vie m'entraîna, et je ne me trouvai plus le courage de prêcher celle qui m'avait fait connaître le plus doux de tous les biens, mais dont la seule Gabrielle pourrait maintenant enivrer mon âme.

CHAPITRE XI.

Je ne rapporte pas tout ce que le père Théodore dit à Raoult, sur le tort qu'il avait eu de faire lire Julie à la pauvre Franciska, qui, de toutes les leçons que ce livre contient, n'avait retenu que ce qui pouvait la perdre. Mais comme Théodore n'en avait pas moins le désir d'apprendre comment cette aventure avait fini, il le pressa, peu de jours après, de le lui dire, et s'étant avancé vers un côté de la forêt où le soleil ne pénétrait jamais, ils chargèrent leurs fusils et firent coucher leurs chiens près d'eux et s'assirent au pied d'un hêtre; cet arbre s'élevant au-dessus de tous les arbres qui l'entouraient, semblait le génie tutélaire de la forêt; et Raoult reprit de cette sorte.

Vous avez bien raison, mon révérend père, de blâmer ma conduite à l'égard de Franciska; mais vous n'en voulez pas moins savoir la suite qu'elle eut, elle a pu être triste, cependant elle n'eut, aux yeux de la société, rien de fâcheux, car le plus profond mystère couvrit nos imprudentes amours.

Trois mois se passèrent pendant lesquels il n'y eut presque pas de nuits qui ne nous réunit : monsieur et madame Hackmann étaient toujours profondément endormis à minuit et ne s'éveillaient qu'à cinq heures du matin. La chambre de Franciska, n'avait d'autre issue que par la leur. Quand ils étaient au moment de se coucher ils fermaient leur porte en dedans; mais laissaient la clef après la serrure. Franciska sortait avec précaution de sa chambre, traversait celle de ses parens et fermait la porte du dehors à double tour, de sorte que ni son père ni sa mère ne pouvaient sortir : s'ils se levaient par hazard ; s'ils la cherchaient dans sa chambre, s'ils l'appelaient elle répondait aussitôt, et ne manquait pas de prétexte pour être sortie de chez elle; ils ne pouvaient avoir de preuves qu'elle serait venue me trouver. Ma chambre donnait sur le même palier, en sorte que le moindre bruit qu'ils auraient fait, nous l'eussions entendu. Ils occupaient seuls leur maison et n'avaient personne pour les servir, nous ne craignions pas les indiscrétions ; aussi rien ne troubla nos plaisirs jusqu'au retour du Marquis, que dans ma folle imagination, je croyais devoir approuver mon union avec mademoiselle Hackmann : je convins donc avec elle que je ne ferais aucun mystère à mon prétendu parent de notre liaison et de la promesse que j'avais faite à Franciska de l'épouser. Il est vrai que cette promesse avait suivi et non précédé les extrêmes bontés de la belle, et qu'elle était verbale ; elle n'avait donc pas beaucoup de force, et par un extrême bonheur la nature n'avait pas sanctionné notre union, et mademoiselle Hackmann pouvait se marier à un autre sans condamner, ainsi que ma mère l'avait fait, un être infortuné au plus triste abandon : mais je n'ai fait que depuis ces réflections, et je croyais réellement que l'arrivée du Marquis devait être le moment de mon mariage avec Franciska. J'aurais voulu le conduire tout de suite dans ma chambre, pour l'instruire, de ce qui m'intéressait si vivement; je lui laissai donc à peine le temps de faire à monsieur et madame Hackmann, ses remercîmens des attentions qu'ils avaient eues pour moi, et je lui disais : vous êtes fatigué, monsieur, venez vous reposer. Il m'examinait avec un regard scrutateur qui m'embarrassait un peu; il me faisait compliment sur le changement avantageux qu'il remarquait dans mes manières. — Je vous avais confié, madame, disait-il à la femme du professeur, un adolescent, et vous me rendez un jeune homme fort aimable. Il félicita aussi Franciska sur les progrès qu'elle avait faits dans la langue française, ce qui lui faisait craindre qu'il n'en fût pas de même de moi à l'égard de l'allemand, et il ne se trompait pas; ne parlant que français à ma jolie amie, je négligeais fort l'idiôme dans lequel j'entretenais ses parens. Le Marquis m'en plaisanta d'une manière qui m'aurait très-embarrassé si monsieur et madame Hackmann eussent entendu notre langue. Franciska, qui la comprenait à merveille, ne voyait ainsi que moi dans la gaîté du Marquis, qu'un consentement tacite à notre prochain mariage qui lui paraissait certain, étant bien assurée, que du côté de ses parens il n'y avait pas le moindre obstacle, et qu'ils tiendraient à grand honneur que le baron de St.-Menant voulût bien épouser leur fille.

Elle fut donc parfaitement heureuse toute la soirée, et se consolait facilement de la contrainte que l'arrivée du Marquis mettait à nos rendez-vous; car il occupait la même chambre que moi, où il y avait deux lits, en pensant qu'avant quinze jours elle serait madame la baronne de St.-Menant. Et en nous séparant après souper, elle trouva le moment de me dire, à demain; cette nuit perdue pour l'amour sera-t-elle toute dans les intérêts de l'hymen. — Vous pouvez en être sûre, lui dis-je, en posant ma main sur mon cœur, et c'était avec toute la verité, la loyauté imaginables. Je désirais que le Marquis renvoyât son valet de chambre, tant j'étais empressé de lui apprendre ce que j'appelais ma félicité; et dès que nous fumes seuls, je me jetai dans ses bras : O vous! lui dis-je, qui êtes vraiment mon père, puisque la providence ne m'a pas permis de connaître celui à qui je dois le jour, avec quelle joie je vous vois de retour; combien j'avais de désir d'épancher mon cœur dans le vôtre. Le bonheur qu'il est impossible de communiquer à un ami, devient moins grand de moitié. — Eh! que vous est-il donc arrivé, mon cher Raoult, de si merveilleux depuis mon départ, que vous n'ayez pas pu le confier à la poste, et que vous ayez tant d'empressement à me l'apprendre ? — Quoi, ne le devinez-vous pas, Monsieur? — Non, je vous jure ; —mais dites, j'écouterai toujours avec un grand intérêt ce qui vous touche. — Je me sentais moins encouragé à lui apprendre ce que je brûlais de lui dire. Il ne me paraissait plus avoir deviné mon secret ; je ne voyais plus si distinctement qu'il approuverait mes résolutions, et je ne savais plus par où commencer ces aveux ; il m'encouragea ; et enfin, d'une voix émue, je dis : j'aime, et c'est pour la vie, l'aimable Franciska. — Je m'en suis douté. Et qu'avez-vous obtenu ? — Tout, je crois, ce qu'un amant passionné peut demander à la maîtresse la plus tendre. — *Je crois* est assez plaisant ; mais passons, et qu'avez-

vous promis ? — Tout ce qui fera notre félicité, si vous y consentez.
— Je n'ai pas le droit de m'opposer à rien.—Non mon père, je suis loin de méconnaître votre autorité, vos droits ; en est-il de plus sacrés que ceux de la reconnaissance : que serais-je sans vous ? vous ne pouvez vouloir mon malheur , celui de Franciska; non, vous ne le voudrez pas ; et mon bonheur doublera en le tenant de vous ; mais daignez m'écouter , monsieur, et voyez quelle tendresse je dois à ma Franciska : et alors je lui racontai tout ce qui s'était passé entre moi et la jolie allemande, avec une naïveté dont je ne puis me souvenir sans rire; mais alors je croyais que la conduite de Franciska était le dernier degré d'héroïsme, et qu'il n'y

avait rien que je ne dûsse faire pour payer de si grands sacrifices.

Le Marquis m'écouta sans m'interrompre, me dit ensuite qu'en effet il fallait que mademoiselle Hackmann m'aimât avec une passion extrême, pour avoir, sans que je le lui demandasse, franchi toutes les bornes que la pudeur oppose à l'amour ; mais puisque vous êtes décidé à l'épouser, elle n'aura pas à s'en repentir. — J'y suis décidé de la manière la plus formelle. — Rien de mieux. Il faut maintenant remplir plusieurs formalités que vous ignorez.

D'abord j'ai obtenu pour vous un brevet de sous-lieutenant, et vous ne pouvez vous marier qu'avec le consentement de votre colonel, marquis d'Aut....... Avant de parler aux parens, il faut vous assurer cette permission. — Que me dites-vous-là ! S'il me la refusait ? — Jamais on ne la refuse, à moins qu'un officier voulût faire ce qu'on appelle un sot mariage : une fille d'une classe obscure, d'une vertu équivoque : vous n'avez rien de tout cela à craindre ; mais il ne faut pas perdre de temps, votre colonel part pour Mittau, il faut le voir avant son départ. Je vais réveiller Valroi. Il sonne sans me donner le temps de dire un mot. Valri entre à moitié déshabillé, croyant que son maître se trouvait incommodé. — Nous partons demain pour Worms, que les chevaux soient sellés à cinq heures. Allez vous coucher, et réveillez-nous un quart d'heure avant l'heure du départ ; les valises ne sont pas défaites? — Non monsieur. — Tant mieux, c'est de la peine de moins. J'ouvrais de grands yeux, je ne comprenais rien à la conduite du marquis. Quel empressement! On eut dit que c'était lui qui était amoureux de mon amie. Je n'osais lui faire d'observations. Je savais à quel point il était despote. Cependant je me hasardai, et lui dis : mon père, faire ce que vous voulez est ma suprême loi. Cependant j'oserais vous observer que si je n'explique pas à Franciska les raisons d'un aussi brusque départ, elle croira que je trahis mes sermens, elle en sera profondément blessée, elle peut en mourir de douleur. — Mourir, c'est mettre les choses bien haut ; mais il est certain que cela pourrait lui faire une révolution dangereuse. Écrivez-lui; depuis près d'un an que vous êtes amant, sûrement vous vous êtes écrit bien des fois, et vous avez trouvé le moyen de remettre vos billets doux en présence des parens de Franciska? — Plus de vingt. — Eh bien, prenez la même marche, afin que cette pauvre petite n'ait pas d'inquiétude : expliquez-lui bien les raisons que je vous ai données, pour qu'elle soit certaine que rien n'est changé dans vos relations avec elle. Je verrai le père avant mon départ; j'arrêterai encore ici votre pension pour six mois, et vous n'emporterez rien qu'un peu de linge pour changer en route. Ainsi tout assurera Franciska que vous reviendrez ici très-incessamment. J'avais une telle confiance dans le marquis, que je crus tout ce qu'il me disait.

J'écrivis, je lus ma lettre à M. de Saltignac qui la trouva bien ; j'y ajoûtai quelques phrases brûlantes qui étaient l'expression de mes sentimens pour l'aimable Franciska. Mon père adoptif ne me quitta pas un instant, parla devant moi à M. et à madame Hackmann, les remercia encore, et leur remit une demi-année de ma pension. Tout cela se passait devant Franciska, qui, pâle, effrayée de ce départ, me demandait, par les plus tendres regards, ce qu'il signifiait ; je lui pris la main, la baisai avec transport et je lui dis en français, en lui donnant un billet, de manière à ce que l'on ne le vît pas, *ne me condamnez pas sans avoir lu*. Ces mots parurent lui redonner l'espérance. Ses joues reprirent leur brillant incarnat, et le sourire vint errer sur ses lèvres. Nous montâmes aussitôt en voiture

Toute la route jusqu'à Worms, le marquis ne me dit rien qui pût me faire croire qu'il eût une arrière pensée. Nous arrivâmes le soir assez tard. J'étais triste, je voulais être seul. Je demandai à M. de Saltignac la permission de me retirer ; il me l'accorda. Je me couchai pour penser plus à mon aise à ma chère Franciska. Je repassais les expressions de ma lettre, je ne la trouvais pas assez tendre, elle ne l'aura pas entièrement tranquillisée. Pourquoi M. de Saltignac a-t-il voulu que je partisse aussi promptement? Si j'avais pu parler à mon amie, elle eût compris que rien ne pouvait me séparer d'elle que momentanément, et que je souffrais, bien plus que je ne pouvais l'exprimer, de notre éloignement ; mais je suis parti sans lui avoir dit un seul mot. Enfin j'espère que nous ne serons pas longtemps ; demain nous verrons monsieur d'Aut..... ; nous repartirons, et ainsi dans trois jours je serai près de celle que j'aime.

J'avais veillé une partie de la nuit en pensant à Franciska et à mon mariage, au plaisir que j'aurais à présenter ma bienaimée à ma mère adoptive et à Gabrielle, dont elle sera la sœur, l'amie ; enfin je m'endormis, et je fus réveillé par le marquis qui entra dans ma chambre, et parut étonné de me trouver encore dans mon lit. Vous vous reposez, me dit-il, et nous ne sommes pas au bout de notre course. Levez-vous. M. d'Aut.... est parti ce matin à six heures pour Mittau, il est sur la route ; mais nous le rejoindrons en partant tout de suite; car il doit s'arrêter chez un de ses amis et des miens, qui habite un château à trente lieues d'ici, où nous serons ce soir, en prenant la poste. — Ah ! monsieur, ce retard m'afflige : la pauvre Franciska sera inquiète. Si vous aviez l'extrême bonté d'écrire à M. Hackmann que nous sommes obligés dêtre quelques jours de plus en route. Sa fille ne craindrait pas que j'aie voulu la tromper en ne lui parlant que d'une absence de deux ou trois jours. Le marquis me le promit, me fit voir la lettre qu'il écrivait, et que sûrement il ne fit point partir. Nous arrivames, comme il me l'avait dit, chez le baron de Steincher, où je croyais que nous devions trouver mon colonel : en arrivant, nous apprîmes qu'il y était venu en effet, mais reparti deux heures après. Grande désolation de ma part, et sermens de ne pas aller plus loin, de retourner à Heidelberg : et, dans mon désespoir, je ne m'apercevais pas que le maître du château était là et me disait des choses fort aimables, pour un baron allemand. Je ne vis pas, même au premier moment, qu'il avait deux filles de la plus jolie figure, et parfaitement élevées par une française ; car elles avaient perdu leur mère fort jeunes. Je ne voyais que Franciska ; je ne pensais qu'à elle, et mon amour me la rendait présente. — Êtes-vous devenu fou, me dit le marquis, vous ne voyez pas monsieur le baron de

Steincher et mesdemoiselles ses filles qui vous saluent. Je me confondis en excuses, mais je n'en voulais pas moins partir. Eh bien, dit Alfred, nous retournerons demain à Heidelberg. Mais ce soir, occupons-nous du plaisir d'être chez un de mes meilleurs amis. En effet, le baron avait beaucoup d'amitié pour M. de Saltignac ; ils s'étaient connus en France ; et celui-ci m'ayant présenté comme son parent, il m'accueillit très-amicalement, et ses filles me traitèrent très-bien ; elles étaient infiniment plus belles que Franciska ; et les deux sœurs avaient des manières nobles et gracieuses qui faisaient connaître la caste où elles étaient nées.

Le souper, quoi que nous ne fussions pas attendus, fut excellent, et tout annonçait une maison parfaitement montée, et des maîtres qui savaient vivre. Je crois que pendant ce repas, dont mesdemoiselles Steincher firent les honneurs avec beaucoup de grâces ; je crois que je pensai un peu moins à Franciska. Le marquis m'examinait avec une extrême attention. Le baron aimait la table, et voulait que l'on bût de son vin qui était très-bon ; il y avait long-temps que je n'en avais rencontré de pareil. J'en pris même au-delà de ce qu'il faut pour garder sa raison. La mienne était tant soit peu troublée, ce qui plut au baron, qui n'aimait pas à se coucher de sang froid ; pourtant il fallut bien se séparer. Déjà depuis plus de deux heures Séraphine et Céleste s'étaient retirées, et le baron et le marquis s'égayaient à mes dépens, et je me prêtais volontiers à leurs joyeux propos. Quand mon père adoptif me vit dans de si heureuses dispositions, il se hâta d'en profiter, et m'emmena dans l'appartement que monsieur Steincher avait donné ordre de nous préparer. Quand nous fumes seuls, il me fit asseoir près de lui, et me demanda si Séraphine et Céleste n'étaient pas charmantes.—Adorables : et sans les liens qui m'attachent à Mlle. Hackmann, je me serais trouvé heureux de leur offrir mes hommages : mais j'ai promis à Franciska. Le marquis prit de là son texte pour me faire envisager la différence qui existait entre ces demoiselles et Franciska ; puis il appuyait sur l'inconvenance de la conduite de la dernière ; que de pareilles avances dispensaient de tout devoir envers celle qui avait ainsi manqué aux lois que la nature impose à son sexe. Que devez-vous à celle qui s'est manqué à elle-même? Enfin, voyant que j'étais frappé de la manière dont il jugeait Franciska, il ajouta : au surplus je ne dissimulerai pas avec vous. Je vous ai enlevé à cette fille, parce que j'ai pensé qu'ayant aussi peu de délicatesse, elle ne pouvait faire que votre malheur. Vous n'aurez point fait le sien, rien ne transpire de vos amours, renoncez-y de bonne grâce; car je vous déclare que je ne consentirai jamais à vous voir uni à une femme, comme je vous le disais, d'une naissance obscure et d'une vertu équivoque. Cependant vous êtes votre maître; mais si vous l'épousez, de ce moment il faudra que vous renonciez à votre famille adoptive : vous ne reverrez jamais ni moi, ni Adelle, et encore moins Gabrielle. Réfléchissez à ce que je vous dis, auquel je n'ajouterai rien. Il prit sa bougie, rentra dans sa chambre, et me laissa dans la mienne en proie à la plus cruelle anxiété. J'aimais Franciska ; c'était elle qui, la première, avait fait battre mon cœur : passer ma vie près d'elle, m'avait paru le bonheur suprême ; et les premiers transports avaient été remplacés par une vive tendresse ; mais loin d'elle, je pouvais réfléchir. Je pouvais me demander ce que je deviendrais : si, une fois marié, mon père adoptif m'abandonnait, avec quoi subsisterais-je et ferais-je subsister ma femme, mes enfans. Serais-je donc obligé d'attendre mon existence de ses parens; non, je m'en sentirais humilié jusqu'au fond de l'âme; d'ailleurs, qui me dirait qu'une fois abandonné de M. de Saltignac, n'ayant plus ni fortune, ni rang dans la société, les parens de Franciska me donneraient leur fille ; car il ne faut pas que j'oublie que je suis dans la classe de ces pauvres êtres, que la nature a traités en véritable marâtre; elle ne leur donne la vie que pour les jeter au milieu de la société qui refuse de les recevoir, et les rend responsables des fautes de leurs parens.

Non, je ne m'exposerai pas à perdre les bontés de mon père qui me menace de m'abandonner, si je veux épouser Franciska. Ne suis-je pas assez malheureux que ma mère ait préféré de s'éloigner pour toujours de sa patrie, de ses amis, plutôt que de laisser penser que j'étais son fils. Que deviendrai-je si je persiste dans mon projet ? Quoi ! perdre la tendresse de mon père et de la marquise, l'amitié de Gabrielle, sans être certain que je puisse obtenir Franciska : il vaut mieux y renoncer ; et je me mis aussitôt à écrire à cette pauvre enfant. Je recommençai ma lettre quatre fois au moins ; et celle que j'ai envoyée était la moins bien de celles que j'avais écrites ; mais enfin telle qu'elle était, je la portai à M. de Saltignac : elle était conçue en ces termes :

« Chère et tendre amie, adorable Franciska, faut-il que la dure loi de la nécessité nous sépare hélas pour jamais ! Je suis forcé de suivre mon père adoptif à Mittau, d'où nous avancerons jusqu'à Moskou, peut-être à St.-Pétersbourg où M. de Saltignac veut s'établir. Dépendant entièrement de lui, et n'ayant nulle fortune, comment revenir de si loin pour se marier? Cela me paraît impossible, et cependant je vous aime beaucoup; mais, ruiné par la révolution (1), je ne pourrais vous offrir un sort qui fût digne de vous. Je me borne donc à vous assurer que personne ne peut être avec des sentimens plus tendre d'attachement et de plus profond respect,

Mademoiselle, que Votre très-humble et très-obéissant serviteur, Le baron de St.-Menant.»

---

(1) Grand mot employé indifféremment, que l'on ait eu ou non de la fortune.

M. de Saltignac me loua de mon courage, lorsqu'il eût dû me blâmer de mon inconstance ; mais, naturellement bon, quand son intérêt ne le forçait pas à sortir de son caractère, il me dit : cette lettre est fort bien, mais comment l'envoyer à cette jeune personne, sans la compromettre. J'ai pensé, lui dis-je, que l'on pourrait l'adresser au père Saviani, de la doctrine chrétienne, qui est son directeur ; si vous aviez la bonté de lui écrire, pour l'engager à la consoler, et à lui faire envisager l'impossibilité d'un mariage entre nous, vous me feriez le plus grand plaisir. Pour cette fois, le marquis écrivit, et fit partir sa lettre pour le religieux, avec la mienne. Je n'ai jamais su ce qui en était arrivé; mais au moins je n'avais pas à me reprocher de l'avoir séduite. Théodore ne fut pas de cet avis. Le trouvant si sévère, je ne savais trop si je devais continuer le récit de mes aventures; mais il m'assura qu'elles l'intéressaient, et nous nous donnames rendez-vous aux premiers jours de la semaine.

CHAPITRE XII.

Rarement nous faisions de grandes promenades le Dimanche et le lundi ; le premier des jours de la semaine était consacré au service de Dieu ; et le lendemain à mettre en ordre les provisions que Jacques apportait, et à faire la note de celles qui nous étaient nécessaires : ainsi ce ne fut que le mardi que je repris mon récit.

Je revis mesdemoiselles Steincher avec bien plus de plaisir que la veille, je m'étais affranchi volontairement des liens que deux jours avant je croyais sacrés, et un oiseau qui sort de sa cage, n'est pas plus content que je ne l'étais, je ne sais si le sentiment de la liberté donnait à ma physionomie quelque chose de plus agréable : il me sembla que les jolies chanoinesses, car j'avais oublié de dire qu'elles l'étaient l'une et l'autre, sans avoir fait de vœux, avaient aussi avec moi des manières plus gracieuses, mais il se présenta dès le premier moment un extréme embarras, c'était celui du choix : toutes deux me plaisaient, toutes deux cherchaient à me plaire avec la plus grande décence, et cependant il était aisé de voir que l'une et l'autre désiraient se marier, et que m'entendant nommer le Baron de St.- Menant, étant présenté par le Marquis, comme son parent, elles pouvaient fort bien se dire toutes deux, autant celui-là qu'un autre ; et moi j'aurais dit : comment choisir. Séraphine était brune, avait de grands yeux noirs pleins de feu, le sourcil un peu trop marqué, aussi noir que ses cheveux qui étaient très-beaux, grande, bien faite, pas assez d'embonpoint, la jambe et le pied parfaits ; du piquant, de l'originalité dans l'esprit, qui lui donnaient un peu de tranchant dans la société ; enfin elle était de ces femmes qui semblent créées plus particulièrement que les autres pour être maîtresses au logis, elle jouait de plusieurs instrumens avec une grande supériorité, et avait une voix d'une beauté parfaite. Ah ! si elle eût été seule, il n'y a pas de doute qu'elle eût promptement remplacé dans mon cœur, l'aimable Franciska ; mais elle avait une sœur dont le nom semblait avoir été fait exprès pour donner l'idée de cette charmante personne. Céleste, oui vous paraissiez un de ces habitans de l'éthérée, qui autrefois conversaient avec nos premiers pères, vous êtes réellement un être céleste. Quelle douceur, quelle grâce ingénue, tout est suave en elle : son teint, qui en donnera l'idée, c'est un mélange ravissant de l'éclatante blancheur et de l'incarnat. Celui de ses lèvres fait briller l'émail de ses dents, les plus belles que l'on eût pu voir, si celles de sa sœur ne le leur avaient pas disputé ; moins grande que Séraphine, sa taille est aussi mince, et des formes ravissantes suffiraient pour enflammer la sagesse même, quand Céleste n'aurait pas mille autres attraits. Quelle jolie main, quel beau bras ! Moins bonne musicienne que sa sœur, elle a fait des études plus étendues que Séraphine dans l'art de l'imitation ; elle a fixé sur la toile les traits de son père, de sa sœur, dont la ressemblance est parfaite. Enfin c'est un talent rare dans un amateur. Heureux le mortel pour qui elle voudra bien tracer son image. Filles adorables, pourquoi des talens si supérieurs ? en avez-vous besoin pour tourner ma pauvre tête ? Séraphine, en baissant vos longs scils, ne laissez donc pas échapper ces traits de flamme qui embrasent mon cœur. Céleste, ne souriez pas avec cette grâce modeste qui vous rend si jolie. Oh ! par pitié

Séraphine, ne chantez pas, vos accens portent dans mon cœur un trouble inexprimable, y font une impression si vive, que je meurs d'amour et de plaisir. Céleste, pourquoi peindre ces fleurs? elles sont moins fraîches que vous. Encore si je pouvais espérer que ce charmant bouquet, lorsqu'il sera achevé, il me fût permis de le dérober, comme je le cacherais aux yeux de tous. Je me dirais : c'est la jolie main de Céleste, qui, maniant le pinceau avec autant d'art que de grâces, a donné à ces fleurs ce que la nature leur refuse, le don de l'immortalité. Mais quelle est celle des deux sœurs que j'aime? à laquelle offrirai-je mon hommage? à l'aînée,.. à la cadette... Mais je ne puis me déclarer l'amant de l'une, sans être forcé de renoncer à l'autre..... Renoncer à Céleste..... Ne jamais espérer plaire à Séraphine, c'est impossible. Attendons que le temps, m'ayant fait apercevoir en l'une quelques défauts qui me forcent de donner la préférence à sa sœur, me laisse la possibilité de choisir. En vain je l'avais espéré : toujours je leur découvrais de nouvelles qualités, de nouvelles grâces; et j'aimais toujours plus vivement l'une et l'autre, sans pouvoir choisir; elles paraissaient jouir de mon embarras, et surtout Séraphine, naturellement malicieuse.

Cependant rien ne troublait l'heureuse harmonie qui régnait entre elles : quand l'une m'engageait à l'accompagner avec mon violon, soit qu'elle touchât du forte-piano, ou qu'elle pinçât la harpe, sa sœur jouissait de ces accords; et si une mesure vive et gaie se trouvait sous les doigts de Séraphine, et que j'osasse engager Céleste à danser, elle voyait avec plaisir la régularité de nos pas, l'ensemble parfait de nos mouvemens, le développement des grâces de sa sœur, et le ravissement qu'elle me causait. J'étais sûr, en devenant l'époux de l'une, d'avoir dans l'autre une amie tendre et sincère. Cependant rien ne fixait ma résolution, d'autant moins que je n'osais faire à personne, pas même au marquis, la confidence d'un état aussi bizarre. Je passais des nuits entières à penser alternativement à l'une et à l'autre, sans pouvoir dire celle à qui, le lendemain, j'offrirais l'hommage d'un cœur enflammé par leurs charmes. Si je m'étais dit : Séraphine est celle que je demanderai, et que ce fût Céleste qui s'offrît la première à ma vue, j'oubliais tout ce que j'avais pensé en faveur de sa sœur, et c'était aux genoux de celle-là que j'allais tomber ; mais Séraphine paraissait et reprenait ses droits.

Ainsi se passèrent trois mois, que nous restames chez le digne baron de Steincher. Je connus chez lui tout ce qu'une société aussi vertueuse qu'aimable peut faire éprouver de vrais plaisirs : une conversation solide, sans pédanterie, des amusemens variés et auxquels l'esprit et les talens gagnaient toujours. Du reste toutes les jouissances qu'une grande fortune et un caractère noble et généreux procurent à ses hôtes. Il fallut quitter tant de biens réunis, quitter les aimables sœurs, sans avoir osé dire à l'une ou à l'autre combien je les aimais. Mais, avec l'espoir de les revoir, et par une bizarrerie qui je crois n'a jamais existé que dans mon cœur, je me disais : nous reviendrons ; l'une des deux sera mariée, alors il n'y aura plus d'indécision. En y réfléchissant, n'était-ce pas dire que Céleste avait la préférence, puisque la sœur aînée devait être mariée avant la cadette. Toutes deux le furent six mois après; et le même jour leur vit former les nœuds d'hymen. M. de Saltignac à qui son ami en fit part me l'apprit. J'en éprouvai une peine si vive que je ne pus la cacher. Le marquis en fut étonné. — Quoi ! mon ami, est-ce que vous aimez une de ces aimables sœurs ? — Hélas ! mon père, je les aimais toutes deux ; et l'impossibilité de préférer l'une à l'autre, avait enchaîné ma langue, qui n'a jamais pu prononcer le serment de n'en aimer qu'une. — Je crois, mon cher Raoult, que cela a été assez heureux, parce qu'un refus est toujours désagréable. Le baron m'aime beaucoup ; mais l'orgueil allemand ne se serait pas arrangé de notre mystérieuse naissance. Quelle lacune dans une généalogie chapitrable! Ainsi loue le ciel de t'avoir tenu dans une irrésolution qui t'a sauvé un léger désagrément. Tu les reverras à notre retour. Comme elles n'ont point su que tu les aimais, tu les retrouveras telles qu'elles étaient : aimables, gracieuses, et attachées à leurs nouveaux devoirs, comme elles l'avaient toujours été à ceux que la nature leur imposait envers le plus digne des pères. Cet espoir ne me charmait pas beaucoup. Ces maris chapitrables me paraissaient trop heureux, pour que leur présence ne troublât pas les innocens plaisirs que j'avais goûtés près de ces charmantes personnes. Je ne les revis pas et n'en fus pas fâché. Je sais seulement qu'elles sont aussi heureuses qu'elles méritent de l'être.

— Voilà une aventure assez plaisante, dit Théodore, et il serait à souhaiter que les jeunes-gens se trouvassent souvent dans un semblable embarras. Mais de Gabrielle, ne m'en parlerez-vous donc plus ? — Cinq cents lieues nous séparaient ; laissez-moi donc le temps de revenir auprès d'elle. — Volontiers ; mais puisque c'est ainsi, rentrons.

CHAPITRE XIII.

Assez d'autres ont décrit ces temps de gloire et de calamité, où les Français voyaient des ennemis dans des Français. Resté dans une profonde solitude, vous avez ignoré nos malheurs et nos succès ; je ne vous en entretiendrai point. Je vous dirai seulement que le marquis, fatigué de l'exil auquel il s'était condamné, sollicita sa radiation et la mienne. Comme il ne voulait pas sacrifier de grosses sommes pour l'obtenir, il fut très-long-temps sans pouvoir rentrer en France. Plus de quatre ans s'étaient écoulés ; je me souvenais peu de Franciska ; mais je me rappelais avec un sensible plaisir, les aimables chanoinesses avec lesquelles j'avais fait l'amour en perspective. Je ne m'en tins pas toujours là, lorsque je rencontrais quelques compatriotes avec qui je m'entendais mieux qu'avec les allemandes. Mais comme le sort de la plupart était soumis aux différens mouvemens de l'armée, que souvent moi-même j'étais forcé de partir tout-à-coup pour suivre le marquis, je ne pouvais former de lien solide. Je n'avais qu'à me louer des bontés de M. de Saltignac pour moi ; elles allaient si loin, que j'étais intimement persuadé qu'il était mon père ; et j'avais pour lui le respect et la soumission d'un fils. Ainsi, quelque sensible que je fusse aux grâces d'une aimable française, ou d'une jolie allemande, dès qu'il me disait : il faut partir, je le suivais sans murmurer et sans dire un seul mot.

Cependant un jour, mon obéissance me parut pénible, et ce n'était point une jeune et jolie personne dont il me séparait. En avançant en âge je réfléchissais assez souvent sur mon sort; et je me consolais difficilement d'avoir été abandonné de ma mère. Il me semblait que le sentiment que l'on ressent pour celle qui nous a mis au monde, devait être bien doux, qu'il calmerait cette effervescence qui accompagne les passions; qu'il en tempérerait la vivacité; et qu'enfin il manquait à mon cœur le moyen d'exercer la plus douce des affections, tant que je n'aurais pas retrouvé ma mère.

Nous devions loger dans un mauvais petit village à dix lieues de Berlin; mon père commandait un détachement prussien assez considérable, et je lui servais d'aide-de-camp. J'étais venu en avant pour faire les logemens, et je ne trouvai que le presbytère où nous pussions passer la nuit. Le curé avait chez lui une dame émigrée pour laquelle il avait une grande considération ; et il nous dit qu'il nous céderait sa chambre, son lit, qu'il irait coucher ailleurs ; mais qu'il me suppliait de ne pas déranger cette dame dont la santé était très-mauvaise. Voulant me faire valoir auprès du pasteur, je l'assurai que ce qu'il demandait me paraissait très-difficile, mais que j'y ferais de mon mieux. Le curé me fit mille remercîmens, il céda à mon père son lit. Je rendis à ce dernier ce que le vieil ecclésiastique m'avait dit, et il fut bien d'avis de laisser cette dame tranquille, et de respecter en elle l'âge et le malheur; car on nous avait dit qu'elle pouvait avoir au moins cinquante ans.

Elle avait pour la servir une petite paysanne du village où nous étions, qui était fort gentille; et pour la préserver de la soldatesque, je dis à la troupe que mon père commandait, que Sara me plaisait, et que malheur à qui se trouverait dans mon chemin. Ils se le tinrent pour dit, et la pauvre petite resta tranquillement auprès de sa maîtresse; mais je voulais quelque récompense pour ce service, et je n'étais pas assez généreux pour l'accorder sans aucune rétribution.

Sara était jolie, vive, enjouée; pour soutenir ce que j'avais dit, il fallait que j'eûsse avec elle l'air de l'intimité, et qu'elle me laissât prendre un ou deux baisers. Je crois qu'elle était sage et qu'elle se défendait de bonne foi, mais j'étais plus fort qu'elle, et il fallait bien qu'elle me les laissât prendre sur ses jolies joues couleur de rose; puis je la faisais asseoir près de moi, et je lui parlais de sa vieille maîtresse. Elle s'en entretenait avec plaisir, parce que, disait-elle, c'est la meilleure personne que l'on puisse rencontrer: bonne, douce, généreuse quoique pauvre. Ce qu'elle me dit me donna le désir de faire connaissance avec cette dame. Je priai Sara de demander à sa maîtresse qu'elle m'accordât la permission de lui faire ma cour ; je le veux bien, dit la jeune fille ; mais encore faut-il que je sache quel nom vous portez.—Raoult, vous ajouterez baron de St.-Menant. Sara me regarde, se met à rire et me dit : c'est drôle, bah ! je lui dirai seulement Raoult. — Comme vous voudrez. Elle revint un moment après, et me dit que je ferais infiniment d'honneur à madame. Je monte, je la trouve encore belle, et paraissant au plus son âge. Elle me pria de m'asseoir, et commença par me remercier de la protection que j'avais accordée à sa petite Sara. Je fus frappé de son accent, et je ne pus m'empêcher de lui demander si elle n'était pas des environs de Bordeaux. — Je suis née dans cette ville, et c'est à Bordeaux même que j'ai fait connaissance avec M. le baron de St.-Menant, mon mari. — Aux armes, aux armes, entendis-je crier. Mon père qui me cherchait, entre au même moment. — Nous sommes surpris, il n'y a pas un moment à perdre. Puis s'adressant à cette dame, il lui dit : songez à votre propre sûreté. Mon père, lui-dis-je, madame est..... — Nous saurons cela plus tard, nous devrions déjà être à cheval, et il m'entraîne; en le suivant, je lui disais : c'est madame de St.-Menant. — Cela n'est pas possible, je l'aurais reconnue. Il n'est pas temps de m'en dire davantage : on tenait nos chevaux prêts. Nous nous fîmes jour à travers l'ennemi. Il nous importait essentiellement de ne pas nous laisser faire prisonniers, puisque nous eussions été fusillés dans les vingt-quatre heures. Nous fumes assez heureux pour échapper à ceux qui nous avaient attaqué au moment où nous nous y attendions le moins. Je pensai à la gentille petite Sara, au sort qui l'attendait, et dont je ne pouvais la préserver, à sa maîtresse que je persistais à croire madame de St.-Menant, et par conséquent ma mère : je voulais rentrer dans le village pour m'en assurer, et la préserver des outrages d'un vainqueur barbare. Mais mon père qui ne voulait pas que je m'exposasse à ce danger, m'entraîna avec lui, et me répétait toujours : ce n'est point là votre mère, je vous assure que ce n'est point elle.

Nous ne nous arrêtames qu'à plus de vingt lieues, lorsque nos chevaux moururent de fatigue. Enfin, nous entrames dans une hutte de charbonnier, mourant de faim. Mon père demanda à ces bonnes gens, dont le premier mouvement eut été de fuir s'ils avaient osé, de nous céder du pain et de la bière, ce qu'ils firent de très-bonne grâce. Mon père, qui parlait parfaitement allemand, demanda au chef de la famille, si nous pouvions passer la nuit chez eux, sans craindre d'être faits prisonniers; ils nous dirent qu'ils ne voyaient pas de militaires dans le canton où nous étions, et que nous étions les premiers. Ils allèrent ramasser des feuilles pour nous servir de lit; nous nous enveloppames dans nos manteaux, et sans penser à Franciska, ni à Séraphine, pas même à Célesta, je ne plaignais que Sara; et l'idée confuse que j'avais vu ma mère, que j'en avais été séparé à l'instant même, me tint long-temps éveillé : enfin mes yeux se fermèrent. Le marquis me laissa dormir, et resta dans la hutte dont nos hôtes étaient sortis pour aller à leur travail. Mon père leur avait si généreusement payé leur souper, qu'ils lui laissèrent ce qu'ils avaient de pain, promettant de nous en apporter d'autre.

Quand je m'éveillai, ma première pensée fut pour celle que je croyais ma mère ; j'étais désespéré en pensant qu'elle aurait eu beaucoup à souffrir de ceux qui nous avaient attaqués. Mon père continuait toujours à dire : ce n'est point votre mère, j'en suis sûr, elle m'aurait reconnu. —En a-t-elle eu le temps, et n'a-t-elle pas dû être troublée par le cri : aux armes, par la manière dont vous m'avez forcé de vous suivre. Je vous en supplie, laissez-moi retourner au village, que je sache ce qu'elle est devenue; son indifférence pour moi n'est pas une raison pour que je ne désire pas la voir. Je l'ai toujours souhaité, et au moment où je vais jouir de ce bonheur, elle m'est enlevée peut-être pour toujours. Enfin, dit le marquis, quels sont les indices qui vous persuadent que ce doit être madame de St.-Menant? et alors je lui racontai l'étonnement de Sara lorsque je m'étais nommé, et que cette dame m'avait dit bien clairement qu'elle était la veuve du baron de St-Menant. Elle est née à Bordeaux, son âge est celui de votre cousine! Le marquis soutint toujours que ce n'était pas elle qui était ma mère, et il ne voulut jamais me donner les moyens de retourner sur mes pas, pour rendre à madame de St.-Menant tous les services qui auraient dépendu de moi. Il m'assura que le sentiment qui m'animait était louable ; mais qu'étant moralement et physiquement sûr que cette dame qui m'occupait tant, n'était pas ma mère, il ne voyait pas la nécessité que je m'exposasse ainsi. Mais je ne puis vous dire combien la pensée que ma mère était en proie aux plus affreux dangers, et que je ne volais pas à son secours, était déchirante pour mon cœur. — Chère et malheureuse femme, j'avais causé tous vos maux, et la seule occasion où j'aurais pu la servir m'échappe, m'aurez-vous pardonné de vous avoir quitté : votre peu de tendresse pour moi me servirait-elle d'excuse ? Non, parce qu'en m'abandonnant elle me laissait dans les mains d'un père riche, et qui, sans aucun doute, aurait grand soin de moi : tandis que je la livrais, pour ainsi dire, entre les mains d'un ennemi vainqueur. Jamais je n'ai pu savoir ce qu'elle était devenue. La flamme a dévoré le village où elle cachait son existence et ses malheurs. Presque tous les habitans et leur digne pasteur ont péri : comment aurait-elle échappé à cette calamité ! Une grande consolation pour moi c'est la certitude que je n'aurais pu la sauver, quand je me serais exposé pour elle à l'échafaud. Mon père parut faiblement touché quand il apprit ces horribles nouvelles ; et je me disais : comment a-t-on été aussi intimement lié que le marquis l'a été avec madame de St.-Menant : prend-on si peu d'intérêt à son sort. L'homme sans principes serait-il donc ravalé à la qualité des brutes. Le passé en amour échappe-t-il donc à sa mémoire, et, pour trancher le mot, l'homme sensuel n'a-t-il donc qu'un présent? il oublie le passé, et n'est jamais occupé de l'avenir, de cet avenir terrible qui embrasse l'éternité. Il faut cependant que je rende hommage à la vérité : je me figurais que le marquis avait ces principes, ou plutôt qu'il n'en avait point, sans en avoir la certitude ; car il ne s'est jamais permis devant moi, et encore moins devant sa fille, de parler clairement de ses opinions, en cela plus prudent que ceux qui en font trophée devant les élèves qui leur sont confiés sans réfléchir qu'ils les rendront incapables, en leur ôtant toute idée religieuse, des vertus même sociales. Théodore fut entièrement de l'avis de son jeune ami, et ils se retirèrent dans leur asile, où une nuit calme leur préparait un sommeil tranquille.

CHAPITRE XIV.

A peu de jours de là Raoult reprit ainsi la suite de ses aventures. Nous parcourumes encore quelque temps ce vaste espace que la providence avait mis entre nous et la Russie, et qu'une princesse née dans cet empire, traversa pour venir s'asseoir sur le trône d'un de nos premiers rois. M. de Saltignac n'avait point de destination marquée, nous combattions toutes les fois que l'occasion se présentait d'attaquer ou de se défendre contre les ennemis qui nous poursuivaient. Et lorsque je pensais que ces ennemis étaient mes compatriotes, j'aurais pu dire, ainsi qu'Henri IV, dans les beaux vers de Voltaire :

A regret dans leur sein j'enfonçais mon épée,
Qui du sang des anglais eût été mieux trempée.

Enfin Adelle envoya à son époux un courrier qui lui apportait notre radiation, et la permission de revenir en France. Rien n'égala ma joie: la pensée que j'allais revoir cette bonne et sensible Adelle qui avait rempli si religieusement pour moi les soins touchans de mère, lorsqu'il eut été bien simple qu'elle n'eût pour un enfant inconnu tout au plus que de l'indifférence. Ma chère Gabrielle que je ne voyais encore qu'une charmante enfant, sans penser que le temps, qui avait fait de moi un jeune homme, ne s'était pas arrêté pour elle, et aurait développé, et ses traits, et les qualités précieuses de son esprit et de son cœur ; et que malgré la connaissance presque entière que j'avais qu'elle était ma sœur, elle pouvait devenir dangereuse pour moi. Le peu d'incertitude qui restait sur mon sort suffisait pour troubler ma raison. Mais, je le répète à cet instant, je n'avais pas même l'idée que Gabrielle fût parvenue à l'âge où une belle personne n' qu'à se montrer pour subjuguer t ut ce qui l'environne. Ce qui me surprit, ce fut d'entendre le Marquis me parler plusieurs fois dans la route de sa fille, comme la plus chère de ses espérances s'il pouvait parvenir à exécuter un projet qui l'occupait depuis sa naissance. Réunir tout ce que j'aime par des liens indissolubles, me paraîtrait le suprême bonheur !

De qui voulait-il parler ? ce n'était sûrement pas de moi : comment un père pourrait-il avoir une aussi monstrueuse idée ? Je ne me permis aucune question, et je répondais seulement, si Gabrielle ressemble à sa mère, si elle a ses vertus et ses grâces, heureux le mortel qui lui sera uni.

Enfin nous touchâmes les frontières de notre belle patrie, je parle de celles que la nature semble lui avoir prescrites, et qui alors étaient trop reculées et trop distantes du centre de l'Empire pour espérer qu'elles restassent long-temps ses limites; mais je parle des bords du Rhin. Nous sommes en France m'écriai-je en passant le pont de Kehl;

et si j'avais osé, je serais descendu de voiture pour baiser le sol natal. Nous ne passâmes qu'un jour dans la capitale de l'Alsace : prenant par la Franche-Comté, nous gagnâmes les provinces du midi ; et après un mois de marche, nous arrivâmes à Saltignac le 15 juin 1806.

Je n'entreprendrai point de peindre la joie que je ressentis en revoyant le berceau de mon enfance, dont j'étais absent depuis treize ans. Je pourrais encore moins rendre la vivacité des émotions que j'éprouvai e me trouvant dans les bras de ma mère adoptive. Elle avait encore une physionomie agréable ; et quoiqu'un peu plus d'embonpoint lui eût enlevé l'élégance qu'elle avait dans la taille, son bras, sa main, étaient si beaux, ses cheveux et ses dents si bien conservés; que si sa fille n'eût pas été près d'elle, elle eût pu faire encore des conquêtes. Mais qui pouvait voir Gabrielle sans être ébloui de sa beauté : c'est la figure la plus regulière et la plus gracieuse que l'on peut voir. Elle a, comme sa mère, un bras et une main remarquables ; son pied ; est étonnamment petit, en proportion de sa taille qui est au-dessus de la médiocre ; ses cheveux, ses dents sont admirables. — Enfin, il semble que la nature se soit plue à réunir dans une seule femme tout ce qui peut plaire et séduire. Jugez ce que j'éprouvai quand cette aimable peronne, qui ne voyait en moi qu'un frère, vint dans l'innocence du premier âge m'embrasser avec une vive amitié, en m'appelant son frère, son cher Raoult. Pour moi éperdu, anéanti sous le fardeau de tant de félicités, je sentis mes genoux se dérober sous moi, un froid mortel se glissa dans mes veines; oui un froid mortel, tel que celui qu'éprouve l'Arabe de Ducis : et je me serais écrié comme lui : j'ai froid, (1) de l'accent des malheureux que les flammes consument. Il est des situations tellement au dessus de celles qui se voient chaque jour, qu'elles ôtent les facultés de les exprimer. Toutes les sensations se confondent, se pressent les unes sur les autres : on souffre, on jouit, on brûle d'amour, on est glacé d'effroi : telle était la situation où je me trouvai

───────────

(1) Il faut avoir entendu prononcer ce mot par Talma pour avoir une idée distincte de ce que j'exprime.

à cet instant qui ne fut que trop remarqué par la Marquise, et dont l'image ne s'effaça jamais de sa mémoire.

Gabrielle ne vit dans cet accident qu'un excès de sensibilité qui ne me donnait pas la faculté de résister à tant de biens réunis. Revoir les amis de mon enfance, rentrer dans ma patrie, échapper aux dangers, pis que la mort, qui environnaient l'émigration : toutes ces causes pouvaient fortement m'émouvoir. Elle crut, tant elle était modeste, que c'était seulement à cela que l'on devait attribuer l'état où elle me voyait. Elle se hâta de me faire respirer des sels; et la nécessité de commander à un sentiment qui dès le premier moment me parut un crime, me força à y commander. Je me promis, bien de ne pas m'exposer une autre fois à un pareil danger, et à me tenir avec Gabrielle dans les bornes d'une respectueuse amitié; mais hélas! c'était bien inutilement que je prenais cette résolution, tout devait m'y faire manquer. C'était la parfaite sécurité de mademoiselle de Saltignac, qui était parvenue à plus de vingt ans, sans avoir nulle idée de l'amour, ne voyait en moi que l'ami, le compagnon de son enfance, m'exposait sans cesse à de nouveaux dangers.

Souvent elle prenait mon bras et elle me disait : Raoult, mon ami, venez donc voir ma volière, c'est une surprise que maman m'a faite ; et pour aller à cette volière, il fallait traverser un bosquet qui nous dérobait à tous les regards. Je le savais et je craignais pour moi la vivacité de

mes sentimens. Que deviendrai-je, si..
alors je regardais de tous côtés pour
voir si je ne pourrais pas emmener
avec moi un tiers, et souvent je
n'en trouvais d'autre que son chien,
et on sait que si ces bons animaux,
de temps immémorial, ont empêché
leurs maîtres d'être surpris, ils ne
les garantissent en rien des dangers
de l'occasion. Cependant l'amour
maternel si actif, si inquiet, si vi-
gilant, nous laissait bien rarement
seuls; et soit qu'elle vînt nous rejoindre ou qu'elle envoyât Mirza, sa
petite négresse, sous un prétexte ou
sous un autre, il était impossible que
nous eussions le temps d'oublier ce
que nos devoirs nous imposaient.

Néanmoins, un jour je me crus
perdu : nous étions descendus de la
terrasse, au bord d'un canal dont les

banquettes étaient couvertes d'une herbe fine comme du velours, les arbres qui environnaient cette grande pièce d'eau, repandaient sous leur ombrage, une fraîcheur délicieuse, mais ne dérobaient point à la vue, des personnes qui se promenaient dans les autres parties du jardin, celles qui s'y réposaient. J'avais donc sans crainte accepté d'y conduire Gabrielle qui désirait pêcher à la ligne. Elle s'assied sur le bord du canal, je me tiens debout près d'elle, et je lui préparais ses hameçons; quand je lui entendis faire un cri perçant, s'évanouir en portant la main au-dessus du genoux. J'appelle, personne ne répond, je ne doute pas qu'un reptile venimeux a causé la douleur qu'a ressentie ma sœur. Dois-je hésiter à m'assurer si la blessure est profonde; mais comment oser? Je tremble de tout mon corps; je suis à genoux près d'elle, je la soutiens d'une main; elle est sans connaissance, une pâleur mortelle couvre son front, Oh! ciel, protége l'innocence et ne permet pas.....:

A ce moment la Marquise accourt; elle avait entendu le cri de sa fille; elle m'avait entendu appeler au secours, quoique fort-loin; elle était arrivée avec une telle rapidité que je n'ai jamais douté que le ciel avait exaucé ma prière. Je lui raconte ce qui s'est passé : laissez-moi me dit-elle, j'ai besoin d'être seule avec elle; mais courez au château, que l'on vienne à mon secours, et que l'on avertisse un chirurgien. La mère tremblante, dès que je fus éloigné, vit en effet que sa fille avait une plaie triangulaire à la cuisse qui avait été faite selon toute apparence par un aspic, reptile très-dangereux dans le midi de la France. Cependant elle espère qu'en cautérisant la plaie, le mal ne fera point de progrès. Je revins un instant après, tous les gens me suivent et prennent dans leurs bras la pauvre Gabrielle; qui était toujours sans sentiment. J'offris mon bras à ma mère qui pouvait à peine se soutenir tant elle était effrayée de l'état de sa fille : pour moi, décidé à ne pas lui survivre, j'étais plus calme que la Marquise. On parvint cependant, par le feu, à arrêter le venin, et à rendre à Gabrielle la faculté de souffrir.

Son père, qui était à la chasse, rentra à l'instant où le plus grand danger était passé; mais il fut effrayé de mon changement et de celui d'Adelle : il nous interroge en tremblant, et apprit le sujet de nos vives inquiétudes. Cependant le chirurgien assure que l'on n'en doit plus avoir : et en effet, au bout de quelques jours, mademoiselle de Saltignac fut en état de descendre dans le salon ; mais si cet événement n'avait eu aucune suite ; je n'en fus pas moins persuadé qu'il était temps que je quittâsse une maison où je ne pouvais rester sans devenir criminel. Je ne crus pas devoir cacher ma résolution à mon bienfaiteur, en lui en laissant entrevoir le motif.

Il m'écouta en souriant et me dit : il y a long-temps que je vois, mon cher Raoult, que mes vœux sont remplis : tu aimes ma fille, et tu en es aimé ; car l'amour t'abuse en lui faisant croire qu'elle n'a pour toi qu'une amitié fraternelle. Apprends, mon jeune ami, que tu n'es point mon fils, que j'ai parfaitement connu ton père qui est mort, que madame de St.-Menant n'ayant pu l'épouser, s'est éloignée, pour que l'on ne pût pas croire que tu es son fils : mais je te le répète, tu n'es pas le mien, et je t'ai toujours destiné Gabrielle que je te donne.

Ivre de bonheur, je me jette à ses genoux ; je ne fais aucune réflexion: je ne suis point son fils! donc je ne suis pas le frère de Gabrielle : je l'aime, son père me la donne; qui peut troubler ma félicité, si ce n'est de ne pas me trouver digne de celle que j'adore! mais le Marquis m'assure que ma naissance vaut la sienne, et que bien sûrement, si mon père avait vécu, il aurait épousé ma mère;

qu'au surplus je passerais toujours, dans le monde, pour le baron de St.-Menant. Cette fraude me déplaisait; elle corrompait la joie que tant de biens m'eussent fait éprouver. Si j'avais obtenu ma bien aimée comme Raoult, et rien que Raoult, j'eusse été mille fois plus satisfait ; mais la vanité se glisse partout, et le Marquis avait beau vouloir mon bonheur et celui de sa fille, il ne le voulait qu'à condition qu'on me croirait un homme de qualité, se persuadant qu'on avait oublié de quelle manière j'avais été apporté sous ses croisées. Il m'assura qu'il allait prévenir sa femme et sa fille de ses arrangemens. Nous partirons pour Paris, nous y passerons six mois, alors les bans seront publiés dans la capitale. Personne ne saura qui vous êtes ou n'êtes pas, nous vous marierons sous votre nom de Raoult, père et mère inconnus ; mais en revenant ici vous vous appellerez le baron de St.-Menant. On connaît l'ascendant que le Marquis avait sur moi. Je ne pensai donc point à contrarier son plan, et j'attendais avec confiance qu'il en eût fait part à Adelle. Je vous dirai la première fois ce qui en arriva. J'ai besoin de me recueillir pour pouvoir, sans une vive émotion, me rappeler ce renversement de toutes mes espérances : ce sera pour la première fois que vous aurez le temps et la patience de m'entendre ; et ils passèrent dans la salle à manger, où ils trouvèrent le curé de Cousance qui venait d'arriver.

FIN DU PREMIER VOLUME.

ROMANS NOUVEAUX

Qui se trouvent à la Librairie de LEROUGE, *cour du Commerce.*

L'Enfant du Désert, ou les Malheurs de Léontine d'Armainville ; par l'auteur de *Réginald*, ou la Vénitienne. 4 vol. fig.

Le Souterrain de Birmingham, ou Henriette Herefort, par Madame Guénard de Méré. 4 vol. in-12, fig.

Le Soldat de qualité, ou le dévouement fraternel ; par M. Barthélemy Hadot. 2 v. in-12.

Les Enfans de la Nuit, ou les Aventures d'un Parisien ; par M. de Fouchy. 3 v. in-12, fig.

Les deux Chefs de Brigands, ou le Duc de Ferrara ; par l'auteur de *Miralba*. 4 vol. in-12, fig.

Réginald, ou la Vénitienne ; par mademoiselle Vanhove. 4 vol. in-12, fig.

Lomelli, le hardi Brigand, ou la Caverne de la vengeance ; par l'auteur de Rinaldo Rinaldini. 4 vol. fig.

Caverne (la) du Brigand, ou Édouard et Mathilde ; par l'auteur de l'Enfant du Boulevard. 2 vol.

La forêt de Mont-Lhéry. 2 vol.

Charles de Valence. 2 vol.

L'Enfant de la Révolution. 4 vol.

Château de Juvisy. 3 vol.

Édouard de Winter ; par Aug. Lafontaine. 4 vol.

La Fille sans souci. 2 vol.

Madame de Sedan ; par M. de Faverolles. 4 vol.

Marie Menzikoff. 2 vol.

Imprimerie de LEROUX, à Rambouillet.

www.ingramcontent.com/pod-product-compliance
Lightning Source LLC
Chambersburg PA
CBHW070527170426
43200CB00011B/2344